クラシック音楽の感動を求めて

——つまみ食い的鑑賞法のすすめ

常盤 隆
Tokiwa Takashi

アーツアンドクラフツ

はじめに

「感動」こそ芸術の真髄

私とクラシック音楽との付き合いは、五十年以上に及ぶ。小学校の音楽の先生に憧れて、器楽部でトロンボーンを吹き、指揮者のまねごとをしたのが始まりだ。中学・高校時代は、クラシック音楽が好きな友人たちと集まり、様々なＬＰレコード（時にはＳＰレコード）を聴いては、ああだこうだ、と批評し合ったりした。それ以降も、ＬＰレコード（途中からＣＤ）を中古屋で探し求めたり、コンサートを聴きに行ったり、と日常生活からクラシック音楽が途絶えることはなかった。サラリーマンになってゆっくり音楽を聴く時間が取れなくなっても、クラシック音楽は常に私の身近にあり、時に私の心を揺さぶり、励まし、感動を届けてくれた。ついに私は、自分の結婚相手も、クラシック音楽を生業とするピアニストとなった。

なぜ私にとって、クラシック音楽がそれほど身近な存在であり続けたのだろうか。それは、クラシック音楽に対し、常に何らかの「感動」を求め続けてきたからだ、と思う。「感動」を与えてくれる存在だからこそ、「聴き続けたい」という意欲が湧き続けてきたのである。

音楽鑑賞において、「感動」はなくてはならない極めて重要な要素だと思う。丸山眞男氏（政治思想史学者）は、音楽における「感動」について、次のように熱く語られている。

「演奏家は偉大な作品に内包されている作曲者の生命感情を自らの手で呼び覚まし、聴き手に伝える。伝えられた聴衆の心の中に感動が沸き上がる。ホールに集《つど》う聴衆がこぞって感動すれば、それは聴き手にとって『感動の共有体験』になります。（中略）作曲者・演奏者・聴き手、その三者が、ある時、ある場所で、『感動』を共にする、その時間を共有する——それが音楽という芸術の神髄なんだ、存在理由《レゾン・デートル》なんだ」（中野雄著『丸山眞男　音楽の対話』一九九九年　文春新書）。

音楽芸術の本質について、これほど見事に解説した言葉を、私は知らない。

感動探求法＝つまみ食い的聴き方

一般には、「クラシック音楽は、堅苦しくて近寄りがたい」といったイメージが強い。また、「クラシック音楽は『教養』であり、まずは十分な知識を持ってから聴くほうが、クラシック音楽に対する理解が深まる」と考えている人々が多いのではないだろうか。

もちろん、それは正しい考え方だと思う。ベートーヴェンの交響曲を聴く時、彼がその曲を作曲した意図や時代背景、そしてソナタ形式など、楽典に関する知識があったほうが、演奏に対する理解はより深まることになるだろう。さらに指揮者やオーケストラなどに関する情報があれば、さらに理解を深めることができるだろう。しかしながら、「教養」や「知識」に重きを置いて鑑賞するだけでは、本当にクラシック音楽が「一生の友」として、「心の糧」としてなくてはならない存在となるのだろうか。

私は、クラシック音楽の聴き方として、「教養」や「知識」とは別の方法があることを強く提唱したい。ある曲や演奏の一部でも良いので、「本当に美しいメロディーだ！」「とても綺麗な音だ！」「指揮者のこの表現は実に素晴らしい！」「この箇所の金管楽器は凄い音を出している！」といった「ハッとする」「心に迫る」「感動する」曲や演奏を見つけ、その数を増やしていく、という方法だ。要は、自分の耳と感性に従って「本当に素晴らしい！」「実に美しい！」「これは感動的だ！」と思う曲や演奏を探していくのである。私はこの方法を、「感動探求法」と呼ぶことにしたい。もちろん、曲全体を聴くことに越したことはないのだが、つ、ま、み、食、い、的な聴き方なら、忙しくて時間を割くことが難しい人でも、クラシック音楽を身近に楽しむことができるのでは、と思うのだ。そして、「これは美しい！」「感動的だ！」といった曲や演奏が見つかったら、それをきっかけにして、興味の赴くまま、徐々に聴く範囲を広げていくのである。たとえば、素晴らしいと思う曲が見つかったら、その曲を様々な演奏家で聴き比べてみる、素晴らしいと思う作曲家が見つかったら、その人の様々な曲を聴いてみる、素晴らしいと思うオーケストラが見つかったら、その楽団の様々な演奏を聴いてみる、等々。

これは、たとえば自然への接し方でも同じではないだろうか。美しい山々や草花を見て、「本当に美しい！」と感嘆の声を上げ、その感動をきっかけに、景色が美しいといわれる山々を探して登ってみる、また、たくさんの美しい花を見つけて花の名前にも詳しくなっていくことは、決して珍しいことではないと思う。絵画や文学作品などの芸術作品においても然り、と思う。

この「感動探求法」は、「音楽教育の常道から外れていて邪道だ」とのお叱りを受けてしまうだろう。私は、この方法が邪道であることを十分承知している。もし可能であれば、前記の丸山眞男氏のように、音楽の形式や調性などの楽理を完璧に習得してオーケストラ・スコア（総譜）を精緻に分析し、作曲家の意図するところを解明した上で、演奏を聴くことが究極の理想的な鑑賞方法だと思う（中野雄著『丸山眞男　音楽の対話』によれば、丸山眞男氏のご自宅には膨大な量の総譜があり、そのすべてのページに万年筆による氏の書込みがなされていたとのことである）。

しかしながら、このように体系的に知識から入っていくことが可能な人は、音楽を職業として専門に学ぶ人以外（碩学の丸山氏を除けば）、世の中にどれだけいるだろうか。大半の人は、「クラシック音楽を聴く時は、まず作曲家やその時代背景、そして楽典などの知識が必要です」といわれ、そこで躊躇《ちゅうちょ》して止まってしまうのではないだろうか。私は、邪道な方法と認識しながらも、このつまみ食い的な方法を続けてきた結果、私の周りには、常にたくさんの感動的な曲や演奏で溢れるようになり、クラシック音楽がまさに「人生の一部」、「生涯の友」となってきたのである。どんなに辛く悲しいことがあっても、寂しい想いをしても、音楽の力によって慰められ、励まされ、明日に生きる力が湧いてくる、といった生活が可能となってきたのだ。

　また、このような聴き方により、私はいろいろな作曲家、指揮者、オーケストラ、ソリストたちなどについて興味が沸き、いろいろ調べて聴き比べていくうちに、結果として「教養としてのクラシック音楽」の一端を築くことができたのではないか、と自負している。クラシック音楽に関する知識は、もちろん「勉強」によって身に付けることも可能だが、「感動」→「興味」→「探求」という行動パターンを通じて、自然に、しかも確実に習得できるのではないかと思う。この方法のほうが真の意味での「教養」が身に付くことになるのではないか、と考えるのである。

自分だけの引き出しを持つ

　本書では、私が日頃つまみ食いし、感動しながら聴いているＣＤを選んで皆様にご紹介する。

ただし、個人で購入できるCDの数は限られている。また選択の基準は、あくまでも私自身の「耳」と「感性」という、誠に自分勝手で主観的なものである。したがって、世間一般に評価の高い、所謂「推薦盤」はあまり入っていないと思う。選択した作曲家、曲もまったくといってよいほど体系立っていない。

村上春樹氏は著書『意味がなければスイングはない』（二〇〇八年　文春文庫）のシューベルトのピアノ・ソナタの箇所で、以下のように語っている。「思うのだけれど、クラシック音楽を聴く喜びのひとつは、自分なりのいくつかの名曲を持ち、自分なりの何人かの名演奏家を持つことにあるのではないだろうか。それは場合によっては、世間の評価と合致しないかもしれない。でもそのような「自分だけの引き出し」を持つことによって、その人の音楽世界は独自の広がりを持ち、深みを持つようになっていくはずだ」と。私の聴き方も、村上氏が述べているのとまったく同じなのである（深みを持つようになっているか、は別問題であるが）。

本書では、私が心から「素晴らしい！」「美しい！」「感動的だ！」と感じた箇所に、あえて（第〇楽章の〇分〇秒辺り）と記載したので、できればその箇所を注意深く聴いていただければと思う（これらの箇所は、あくまでも私のステレオ装置で聴いて「素晴らしい！」などと感じた箇所であり、装置によっては異なる印象を受けることは十分ありえることだと思う。そこで、本書末尾に「私の再生装置について」というコラムを書いたので、ご参照いただきたい）。「聴いてみたが、そのようには感じなかった」「やはり著者の主観的な感想に過ぎず、自分は従わない」と感じられれば、それでよし。ただし、もしその箇所で私と同じような感想を少しでも持っていただき、それをきっかけに興味を持って聴く範囲を広げていただける方が一人でもいれば、まさに本望である。

そこで、本書では、曲や演奏家の解説はほとんど書かないか、書いたとしても必要最小限に留めることにした。曲や演奏家の解説を長々と書いてしまうと、それによって曲や演奏の素晴らしさが「分かった」ように思われることを極力避けたい、と考えたからだ。あえて極論すれば、私は常々「演奏家は、最終的には発せられた音によって評価されるべきだ」と考えている（演奏される方々に対して、とても酷な言い方で、大変失礼だと思うのだが……）。いくら華々しい学歴、コンクール歴、コンサート歴を誇っている人でも、実演やCDで聴こえてくる演奏が、「演奏家の意図が伝わってこない」、「心に響いてこない」、「ハッと息を呑む瞬間がない」、といったような演奏であれば、「聴いても面白くない演奏家」「お金と時間をかけてまで聴きに行く必要のない演奏家」となってしまう可能性が高いのである。一方、一般的には無名な演奏家であっても、息を呑むような素晴らしい演奏を行なっていることが多々あるのだ。要は、演奏の良し悪しは、演奏家に対する先入観を排し、出てくる音を、そして演奏家が伝えようとするメッセージを虚心坦懐に聴いて判断すべきだ、と考えるのである。

この点について、中野雄氏の『音楽家になるには』（二〇〇二年　ぺりかん社）という本の中で、ピアニストの内田光子さんと小山実稚恵さんの言葉が紹介されている。

「内田は自分のコンサートに足を運んでくれたお客様の時間、約二時間という時の流れを、かげがいのない貴重なものにするためにピアノを弾《ひ》くのだという。／もし客席の聴《き》き手《て》が内田の演奏に感動を覚えたとしたら、彼女のピアノはお客さまの時間の〝質〟を変えたことになる。そしてその記憶《きおく》が聴《き》き手《て》の胸に永く残ったとしたら、内田の演奏は相手の人生の〝何か〟を変えたことにもなる。「それが芸術家の生きがいなのです」と、彼女は言う。」

また、小山氏は、一流の演奏家について次のように述べている。

「確信をもって言えるのは、一流の演奏家はどんな状況《じょうきょう》のもとでも、絶対に水準以下の演奏をしないということ。点数で言えば、最低でも七五点は割らないということです。それは、もちろんテクニックの問題もあるけど、演奏する音楽についての明確なイメージをもっているからだと思います。その音楽を演奏することによって、客席に自分が伝えたい想いがあり、それがどんな悪条件のもとでも動かない。だから少しぐらい体調が悪かったり、気分がすぐれなかったりしても、ステージから客席に送られるメッセージの質は変わらないのです。そういう演奏ができる音楽家を〝一流〟って言うんだなと」

内田氏と小山氏の言葉は、常に第一線で活躍し続ける超一流の演奏家だからこそ発することが可能な、実に重みのある至言だと思う。

本書によって、クラシック音楽が皆様にとってより身近な存在となり、さらには皆様の一生の宝となることを切に望む次第である。

目次

第五章　個性的な指揮者たちによる凄演・快演——91

第七章

協奏曲の名演を求めて 151

装丁◉林二朗

第一章

バロックの演奏は古楽奏法でなければならない？

心温まるバロック演奏

つまみ食いCD

バッハ「幻想曲とフーガ BWV904」・「G線上のアリア」、テレマン「マニフィカト」の中の「アリア」〈レーデル指揮／ミュンヘン・プロ・アルテ管弦楽団〉

私の中学時代からの愛聴盤は、クルト・レーデルによる一連のバッハの演奏だった。その大らかで温もりのあるバッハは、常に私の心を揺さぶり続けてきた。「ブランデンブルク協奏曲」や「管弦楽組曲」、そして「音楽の捧げもの」などのバッハの名曲を、私はレーデルの演奏を通じて知ることができたのである。そして、彼のバッハ演奏の中で特に気に入っているのが、「バッハ‥管弦楽名曲集」というCDの中にある「幻想曲とフーガ BWV904」と「G線上のアリア」である。レーデルの演奏は、古楽奏法が流行る前の、完全に昔風の演奏であるが、心からの歌を歌っていて、聴いていていてホッとなごむ。

「幻想曲とフーガ BWV904」はもともとはオルガン曲だが、レーデルが管弦楽用に編曲したもの。

とても美しい曲ながら、あまり演奏されないのが不思議なくらいの名曲だ。レーデルの演奏は、幻想曲の冒頭から、バッハ演奏としては珍しい熱い響きが聴かれる。演奏者がバッハを演奏する喜びに心を震わせている。その心の高揚が、3分41秒辺り、そして8分0秒辺りに聴くことができる。これらの部分では、ヴァイオリンが感激のあまり、音が少々上ずって聴こえるほどだ。「G線上のアリア」も、本当に心のこもった美しいバッハである。ずっとこの温もりに浸っていたい、と思う演奏だ。またもう一つ、レーデルの演奏で素晴らしいのは、「バロック名曲集」というCDに入っている「テレマン：アリア」という曲である。テレマンのマニフィカト（ト長調）の中のアリアで、テノールによって歌われる実に美しい曲だ。レーデルの見事な編曲により、この小曲がこの上なく美しいヒーリング・ミュージックとして蘇ったことは、本当に喜ぶべきことだと思う。

現代流行りの古楽奏法から見て、レーデルの演奏を「古臭い（また、技術的に必ずしも万全でない）」として捨て去ってしまうのは、あまりにもったいない気がする。バロック時代の楽器と演奏法を再現する古楽奏法は、作曲家が思い描いていた音の響きや強弱を理解した上での演奏となるなど、十分意味のある手法だと思う。しかしながら、いくら学究的に正しい演奏だとしても、その演奏が心に響く、本当に感動を与える演奏とならないのであれば、はたして演奏する意味があるのだろうか？　と疑問を持ってしまう。

現代楽器によるバッハ、モーツァルト、ベートーヴェンなどの演奏は、多くの先人たち（指揮者、オーケストラ、そして聴衆たち）が、楽器の改良、ホールの拡大などの変化を受けて、長い年月をかけて試行錯誤しながら築き上げてきた「伝統」であるはずだ。それを「当時使っていた楽器や奏法と異なる」として否定することができるだろうか？

ドナルド・キーン先生は『オペラへようこそ！』（二〇一九年　文藝春秋）という本の中で、古楽奏法について「音楽や演劇は生きた有機体、時代とともに、解釈とともに、時には観客とともに常に変わっていくものです。原典、つまり作品ができた時点に帰る試みも悪くはないしうまくいくこともありますが、どちらかと言うと単に興味深い実験に終わってしまうことが多いのです」と述べられている。また、村上春樹氏は『意味がなければスイングはない』の中で、「世間から忘れられかけている古い音楽遺産を、こうして前向きに掘り起こしていくこと自体は意味があるし、立派だと思うんだけど、長く聴いていると「でもこれって結局、お勉強なんだよな」という気がだんだんしてくる。」と述べている。まさに私もお二人の意見に同感である。

聴衆は感動を求めて、時間とお金を割いて演奏会に足を運ぶ（あるいはＣＤを購入する）のであって、演奏家の「研究発表」を聴きに来ているわけではないはずだ。演奏家は、作曲家が楽譜に込めた意図を探求して演奏行為を通じて再現し、聴き手に共感や感動を提供する芸術であるはずだ。このレーデルの演奏（後述のパイヤールのバッハ演奏も然り）は、心に響く演奏とは何か、感動を与える演奏とは何か、という問題を改めて考えさせてくれる演奏だと思う。

＊　＊　＊

クルト・レーデル（一九一八～二〇一三年）は、ドイツの指揮者、フルート奏者。一九五二年にミュンヘン・プロ・アルテ室内管弦楽団を創設して音楽監督を務め、エラート・レーベルにバッハやモーツァルトなどたくさんの録音を行なった。

バッハ「管弦楽名曲集」より「幻想曲とフーガ」・「G線上のアリア」レーデル指揮／ミュンヘン・プロ・アルテ室内管弦楽団（1962～70年頃　ERATO　WPCS-22102）

「バロック名曲集」より「テレマン：アリア」レーデル指揮／ミュンヘン・プロ・アルテ管弦楽団（1964年　PHILIPS　PHCP-3687）

豊饒で官能的な音の饗宴

つまみ食いCD
バッハ「音楽の捧げもの」より「トリオ・ソナタ」（パイヤール指揮／パイヤール室内管弦楽団ソリストたち）

バッハはクラシック音楽のなかでもお堅い人の代表格。襟を正して聴かなければならない畏《おそ》れ多い作曲家だ。なにしろ、西洋音楽の基礎を築いた人で、後世の多くの作曲家たち、たとえばベートーヴェン、シューマン、ブラームスなどに多大な影響を与えた。ベートーヴェンが、「バッハは小川でなく大海と呼ぶべきだ」と評したのは有名である。そのため、日本ではバッハのことを「音楽の父」と呼んでおり、小学校の音楽教室には、彼の厳めしい顔の肖像画が飾られている。

さて、前節でふれたように、近年は「古楽奏法」（作曲された時代の楽器を復元して用い、その時代の演奏様式を再現して演奏しようとする方法）が盛んで、古楽奏法でないと時代遅れの烙印を押されそうな勢いである。〝この演奏様式によってこそ、作曲家本人が求めていた響きを聴くことができるのであり、正統な演奏方法である〟との主張だ。それに対して、パイヤールとそのオーケストラ・ソリストたちによる「音楽の捧げもの」は、現代楽器による現代奏法による演奏なので、「時代遅れの演奏」ということになる。しかしながら、この演奏を前にして、バッハが……、時代考証が……、古楽奏法が……と議論する気も失せてくる。とにかく、ひたすら美しく鳴り響く演奏だからだ。その美しさは官能的、といってもよいほどだ。

特に、トリオ・ソナタの「Allegro」（CDの第八曲目）の艶やかな美しさは筆舌に尽くし難い。ヴァイオリンのジェラール・ジャリとフルートのマクサンス・ラリューが妙技の限りを尽くし、有無をいわせぬ推進力で音楽が進んでいく。まさに芳醇な音の饗宴・洪水である。これこそ、バッハが思い描いていた演奏だったのでは、とすら思ってしまう。

いずれにしても、演奏が聴衆の心に訴えかけ、「美しい！」と感じさせるものを持っているのであれば、演奏様式はあまり関係ないではないか、と思う。どうか音量を大きくして、この音の饗宴に浸っていただきたい。

＊　＊　＊

ジャン＝フランソワ・パイヤール（一九二八〜二〇一三年）はフランスの指揮者で、一九五九年にパイヤール室内管弦楽団を創設、主にバロック音楽を中心に、エラート・レーベルに多くの録音を残している。彼の演奏については、チャイコフスキーの「弦楽セレナード」（第三章「個性的で美しい弦の響き」）でふれたので、ご参照いただきたい。

バッハ「音楽の捧げもの」パイヤール指揮／パイヤール室内管弦楽団ソリストたち（1974年　DENON　COCO-70953）

第二章

素晴らしきウィーンの響き

最も美しくウィーン・フィルを鳴らした指揮者の一人

つまみ食いCD

ハイドン「交響曲第九十二番（オックスフォード）」（第一・第二楽章）（プレヴィン指揮／ウィーン・フィルハーモニー管弦楽団）

プレヴィンは、ジャズのピアニストとして活躍するなど、クラシックの範疇を越えて活躍した異色の指揮者である。一方で、あまり指摘されていないと思うのだが、私は「プレヴィンはウィーン・フィルを最も美しく鳴らすことができた指揮者の一人だった」と考えている。実際、中野雄氏の著書『ウィーン・フィル　音と響きの秘密』（二〇〇二年　文春新書）によると、コンサートマスターのキュッヒル氏は「協演していて、いちばん幸せな思いを味わえた人」と評しており、プレヴィンと同フィルはまさに相思相愛の関係だったといえる。

そのよい例が、ハイドンの交響曲を集めたTOWER RECORDS（タワーレコードオリジナル企画）のCD（CD①、丸数字は本項末尾記載CD）だろう。「第九十二番（オックスフォード）」の第一楽章冒頭部分の弦の音は、なんと優しい、幸福感に溢れた音だろう。第一音が鳴り出した途端、その優しい美しさにハッと息を飲んでしまう。まさにウィーン・フィルの弦の美しさが最もよく現われた一例だと思う。その後の第一主題も軽快で楽しさに溢れている。そして全体に瑞々しく美しい響きが続いていく。そしてこの美しい響きは第二楽章で最もよく現われていると思う。柔らかな弦、ふっくらとしたホルン、瑞々しいフルートやオーボエなど、ウィーン・フィルの極上の響きを堪能できる。忙しい方は、第一楽章と第二楽章だけでも聴いていただきたい（なお、「オックスフォード」には、アンチェル〈指揮〉／アムステルダム・コンセルトヘボウ管弦楽団による名演もあり、その素晴らしさについては、アンチェルについて書いた第三章「最高のクラシック音楽入門」でふれたので、ご参照いただきたい）。

また、プレヴィンとウィーン・フィルとの幸せな関係は、モーツァルトの「ピアノ協奏曲第十七番・第二十四番」（CD②）、メンデルスゾーンの「真夏の夜の夢」（CD③）、リムスキー＝コルサコフの「シェエラザード」（CD④）などでも聴くことができる。

なかでも、モーツァルトの「ピアノ協奏曲第十七番」は、同曲のベスト演奏に挙げたい素晴らしさだ。第一楽章と第三楽章（特に第三楽章）は曲自身が幸福感に溢れていることもあり、プレヴィンの瑞々しいタッチと相まって、とても優美で美しい演奏となっている。すべての楽章が見事なのだが、忙しい方は第三楽章だけでも聴いていただきたい（第三楽章の素晴らしさを味わってしまうと、結局すべての楽章を聴いてみたくなると思う）。

また、「真夏の夜の夢」も同様の美しい演奏だが、私は特に「序曲」での繊細で美しい弦の響きや第七番「夜想曲」での優美なホルンの重奏に心惹かれる。特に、ホルン重奏の、なんと優美でコクのある、味わい深い響きだろう。まさにウィーン・フィルのホルン群でしか出せない音だと思う。私は、ホルンの美しい演奏として、まず真っ先にこの「夜想曲」でのウィーン・フィルの演奏を挙げたい。また、「結婚行進曲」は、これ以上ないほど見事な演奏といってよく、もし結婚式の会場でかけるCDをお探しなら、真っ先にお勧めしたい名演だ。

それから、ジャズの範疇になるのだが、シルヴィア・マクネアーがソプラノを歌い、プレヴィンがピアノを受け持った「SURE THING」というCD（CD⑤）が抜群の楽しさだ。ここでは、プレヴィンのジャズ・ピアノも見事だが、マクネアーのジャズずれしていない清らかで、そしてちょっとコケティッシュな歌い方がなんとも魅力的なのである。BGMとして最高にお勧めしたいCDだ。

また、プレヴィンの「シェエラザード」の素晴らしさについては、第六章の「管弦楽による官能的に美しい旋律」で採り上げたので、ご参照いただきたい。

＊　＊　＊

アンドレ・プレヴィン（一九二九〜二〇一九年）は、「マイ・フェア・レディー」などの映画音楽に携わり、ジャズやクラシックのピアニストとしても活躍した、多彩な活動を行なった指揮者。二〇〇九年から三年間ＮＨＫ交響楽団の首席客演指揮者を務めるなど、日本でもなじみ深い。彼がＮ響と収録した一連のＣＤ（モーツァルト、メンデルスゾーン、ドヴォルザーク、ブラームスなど）はどれも瑞々しい感性と幸福感に溢れた素晴らしい演奏ばかりだ。

左に紹介する四つのＣＤのオーケストラはすべてウィーン・フィルハーモニー管弦楽団である。

①ハイドン「交響曲第92番（オックスフォード）」他　プレヴィン指揮（1992〜93年　TOWER RECORDS　PROC-1013/4）

②モーツァルト「ピアノ協奏曲第17番・第24番」プレヴィン（指揮とピアノ）（1984年　PHILIPS　412 524-2）

③メンデルスゾーン「真夏の夜の夢」プレヴィン指揮（1985年　PHILIPS　PHCP-10594）

④リムスキー＝コルサコフ「シェエラザード」他　プレヴィン指揮（1981〜85年　PHILIPS　PHCP-10531）

◆　◆　◆

⑤番外編：「SURE THING」マクネアー（ソプラノ）／プレヴィン（ピアノ）（1993年　PHILIPS　442 129-2）

雅やかなウィーンの響き

つまみ食いCD
モーツァルト「セレナード第九番（ポストホルン）」（第三・第四・第六楽章）（レヴァイン指揮／ウィーン・フィルハーモニー管弦楽団）

モーツァルトのセレナードでは、なんといってもアイネ・クライネ・ナハトムジークが有名だが、それに劣らず楽しくて美しい旋律に溢れているのが、ポストホルン・セレナードだ。全七楽章からなる大編成の曲で、第六楽章では、ポストホルン（郵便馬車のホルン）の素朴な響きを聴くことができる。その一方で、第三楽章や第四楽章では、フルートやオーボエなどの木管楽器が大活躍する、協奏曲的な側面も持つ。私は、仕事で疲れた時などに、もっぱら第三・第四・第六楽章を聴くことにしている。

名曲なので、セル指揮／クリーヴランド管弦楽団など名盤も多いが、私は最近、レヴァイン指揮／ウィーン・フィルの演奏を愛聴している。何にも増して、ウィーン・フィルの雅やかで気品溢れる響きが実に素晴らしいからだ。ここでは、レヴァインはほとんど何もしていない、というか、ウィーン・フィルの名手たちにそれこそ自由に演奏させている（中野雄氏の著書『指揮者の役割ヨーロッパ三大オーケストラ物語』〈二〇一二年　新潮選書〉によると、コンサートマスターのライナー・キュッヒル氏は「良い指揮者とは、私たちの音楽を邪魔しない指揮者のことを言います」と述べている）。だからこそ、ウィーン・フィルの響きの美しさが全面に現われた、稀に見る名演が実現したのだと思う。

特に第三楽章は、ゆったりしたテンポの中で（このおっとりしたテンポ感が実によい！）、フルートとオーボエが妙技の限りを尽くす。まさにウィーン宮廷の雅やかな舞踏会を想起させる。疲れを癒すにはまさに理想的な曲であり、演奏だと思う。

セル指揮／クリーヴランド管弦楽団の演奏も素晴らしいが、セル盤は、演奏者（特にオーボエ）の上手さが際立っており、私はそこに注意を向けて聴いてしまう。しかしながら、レヴァイン盤でのウィーン・フィルの木管奏者たちは、周囲の弦楽器と混然一体となって、まさに理想のウィーン風モーツァルトを奏でている。ウィーン・フィルの団員全員がまったく同じベクトルで、同じ息遣いの中で演奏しているからこそ、このような奇跡的に美しい演奏ができるのだろう。

有名な第四楽章では、フルートとオーボエの響きがますます軽やかに響き渡り、心が浮き浮きしてくる。そして、第六楽章では、ポストホルンの素朴な響きが実に楽しい（ポストホルンは、ドミソの自然倍音しか出せない楽器である）。

スメタナの「モルダウ」（第二章「まさに清流が流れている！」）でもふれるが、レヴァインは、ウィーン・フィルに自由自在に演奏させることで、同フィルの美質を最大限に引き出すことに成功し、実に素晴らしいモーツァルトを奏でてくれた。本当に感謝せざるをえない。

ポストホルン・セレナードで、もう一つ素晴らしい演奏／録音を挙げるとすれば、私は、セル盤に後ろ髪を引かれつつ、マッケラス指揮／プラハ室内管弦楽団のCDを挙げることにしたい。全体的にふっくらした柔らかい響きの中から、木管楽器群がキラリと浮かび上がり、その響きの美しさにウットリしてしまうからだ。

＊　＊　＊

レヴァイン（一九四三〜二〇二一年）は、米国の指揮者・ピアニストで、ニューヨークのメトロポリタン歌劇場の音楽監督・芸術監督としての活動が名高いが、シカゴ交響楽団やウィーン・フィルとも数々の名演を残した。

マッケラス（一九二五〜二〇一〇年）は、オーストラリア生まれの指揮者で、主に英国で活躍した。

プラハに留学した経験を持ち、ヤナーチェクなどチェコ地方の音楽にも造詣が深い。

・モーツァルト「セレナード第9番（ポストホルン）」

レヴァイン指揮／ウィーン・フィルハーモニー管弦楽団（1982年 ドイツ・グラモフォン UCCG-90443）

マッケラス指揮／プラハ室内管弦楽団（1984年 TELARC CD-80108）

理想のウィーン風モーツァルト

つまみ食いCD

モーツァルト「ディヴェルティメント第十七番」（第一・三・六楽章）（ウィーン八重奏団員）

ウィーン風のモーツァルトを堪能したいと思ったら、真っ先にお勧めしたいのが、ウィーン八重奏団員によるディヴェルティメント第十七番だ。ウィーン八重奏団員といっても、ウィリー・ボスコフスキーではなく、アントン・フィーツが第一ヴァイオリンを弾いている一九六一年の録音だ。

第一楽章（アレグロ）が始まった途端、ウィーンの典雅な香りが漂ってくる。優雅で気品のあるフィーツのヴァイオリン。そして、ヴィオラもチェロも、そしてホルンもヴァイオリンにぴったり寄り添って、本当に美しいモーツァルトを奏でている。

有名な第三楽章（メヌエット）はいかにも優雅に演奏されるし、第五楽章（メヌエット）や第六楽章（ロンド）は活きいきと、とても楽しそうに演奏される。

忙しい方は、第一・第三・第六楽章だけでも聴いていただきたい。でも、第一楽章を聴き始めたら、その美しさに聴き惚れて、結局は全楽章を聴いてしまうことになるだろう。

彼らの奏でる演奏は、まさにモーツァルトそのものといってよいだろう。聴き手は演奏者の存在を忘れて、モーツァルトの音楽の美しさ、楽しさを、知らず知らずのうちに堪能してしまうことになる。これは、やろうと思ってもなかなかできることではない。ウィーン八重奏団のメンバー一人ひとりが極めて高い演奏技術・合奏技術を持っているだけでなく、彼らが確固たるモーツァルト像を共有しており、それをごく自然にさり気なく再現することができる。まさにウィーンのトップ奏者だけができる至芸といってよいだろう（この点は、次項のモーツァルトの「クラリネット五重奏曲」でもふれたので、ご参照いただきたい）。

併録されているディヴェルティメント第一番（K136）でも、第十七番と同様、ごく自然で理想的なモーツァルトを聴くことができる。

アントン・フィーツが残した録音はそれほど多くないと思うが、幸いにも、シューベルトのピアノ五重奏曲「ます」を来日中に録音してくれていた。ここでも彼はウィーン情緒豊かな美しいヴァイオリンを奏でている。また、ピアノの深澤亮子も、自然でふくよかで瑞々しいピアノを奏でていて、本当に安心してシューベルトの音楽に浸ることができる。ただし、私の装置では、高音がきつめに聴こえるのが非常に残念だ。これは、フォーレのヴァイオリン・ソナタでの加藤知子の録音（第八章「一期一会の録音」）でもふれるが、fontecがリマスタリングをして、より状態のよい音のCDを再発してくれることを切に願っている。

モーツァルト「ディヴェルティメント第17番」他　ウィーン八重奏団員（1961年　KING RECORDS　KICC 9214）

◆　◆　◆

シューベルト「ピアノ五重奏曲「ます」」他　深澤亮子／ウィーン室内アンサンブル（録音年代不詳　fontec　FOCD3167）

ウィーン・フィルのトップ奏者たちによる奇跡のモーツァルト

つまみ食いCD

モーツァルト「クラリネット五重奏曲」（第二楽章）（ウィーン室内合奏団）

モーツァルトの室内楽の中で最も好きな曲は、と聞かれたら、「クラリネット五重奏曲」と答えることにしたい。それは、曲が美しいからだけでなく、モーツァルト晩年（といっても三十三歳）の、澄みきった心境が感じられる曲だからだ。そして、何よりもウィーン室内合奏団による飛びきり素晴らしい演奏がある。ウィーン室内合奏団の演奏はいくつか出ているが、これは一九六九年の日本録音（ART UNION RECORDS盤）。ワルター・ヴェラーが第一ヴァイオリンを弾いている演奏だ。

この演奏は、ウィーン・フィルのトップ奏者たちの実力の凄さを嫌が上でも感じざるをえない素晴らしいものだ。何しろ、リハーサルなしのぶっつけ本番の録音で、しかも取り直しがほとんどなかったにもかかわらず、これほどまでに完璧なアンサンブルを行ない、しかもウィーン情緒豊かに理想のモーツァルトを演奏するとは、まさに奇跡としかいいようがない。録音をプロデュースした中野雄氏の著書『ウィーン・フィル　音と響きの秘密』によれば、「すべて本番一発録《ど》り。しかも完璧」なのである。彼らが類いまれな演奏能力、合奏能力を持っているだけでなく、全員が確固たる理想のモーツァルト像を共有していたからにほかならない。

ここでは、アルフレッド・プリンツのいぶし銀のようなクラリネットも素晴らしいが、第一ヴァイオリンのワルター・ヴェラーの上手さと音の美しさは筆舌に尽くし難い。特に第二楽章の1分27秒辺りのヴァイオリンの最弱音の美しさには言葉を失うほどだ。こんな弱音にもかかわらず、ニュアンス豊かに美しい音で演奏できるとは、とても人間技とは思えない！

これほどの力量の人が、ウィーン・フィルのコンサートマスターを退いて、指揮者に転向してしまったとは、ウィーン・フィルにとって、そしてクラシック音楽界にとって、何という損失だっただろう。その後、ヴェラーが指揮者として大成したとは思えないだけに、非常に残念でならない（ヴェラーの指揮者転向については、「コラム　中野雄先生について」にも記載したのでご参照いただきたい）。

なお、併録されているフルート四重奏曲（第一番・第四番）も、ウェルナー・トリップの気品に満ちた清々しいフルートが絶品で、同曲のベスト演奏の一つとして挙げたい。

ウィーン室内合奏団「モーツァルト曲集」より「クラリネット五重奏曲」(1969年 ART UNION RECORDS ARND-2023～25 Venus盤もあり)

まさに清流が流れている！

つまみ食いCD

スメタナ「わが祖国」より「モルダウ」〈レヴァイン指揮／ウィーン・フィルハーモニー管弦楽団〉

スメタナの「わが祖国」の中では、「モルダウ」が飛びきり有名な曲で、演奏される機会も多い。この曲は、ボヘミアの森の中の源流からプラハの街へと流れるモルダウ川を描写したもので、その中で、狩り、村人たちの婚礼、月夜に踊る水の精、急流などが描かれている。

CDは、アンチェル指揮／チェコ・フィル盤やベルグンド指揮／シュターツカペレ・ドレスデン盤など名盤が目白押しだが、私はレヴァイン指揮／ウィーン・フィルの演奏を第一に推したい。それは、ウィーン・フィルの響きがことのほか美しいからだ。特に5分24秒辺りから始まる「水の精」の箇所の弦とフルートは、本当に筆舌に尽くし難いほどの美しさだ。まさに目の前を、清らかな水が静かに流れ、その上を無邪気な精霊たちがふんわりと飛びまわっている。この箇所は、アンチェル／チェコ・フィルの名演（第三章の「最高のクラシック音楽入門」で彼らの「モルダウ」の素晴らしさについてふれたので、ご参照いただきたい）と比べても、ウィーン・フィルの音の美しさは際立っていると思う。

レヴァインは、ウィーン・フィルに自由自在に演奏させることで、同フィルの美質を最大限に引き出すことに成功したのだと思う。こんな断トツの素晴らしい演奏をしているにもかかわらず、モルダウのＣＤで、レヴァイン／ウィーン・フィルの名前があまり上がってこないのは、とても不思議な気がする。

スメタナ交響詩「わが祖国」より「モルダウ」レヴァイン指揮／ウィーン・フィルハーモニー管弦楽団（1986年　ドイツ・グラモフォン　POCG-50028）

コラム

中野雄先生について

私は中野雄先生の著作はほぼすべて読み、先生の実体験に裏打ちされた博識ぶりと理路整然とした文章力に圧倒され、先生を心から尊敬するようになっていた。先生の本は、「音楽」という言葉では表現しにくい芸術分野について冷静沈着に分析され、わかりやすく整理して説明されている。さらに、様々な人間模様（先生と弟子、指揮者とオーケストラ、演奏家とプロデューサー、成功を収めた音楽家とそうでない音楽家など）について冷静に観察され、そこからなんらかの人生訓（人としての生き方など。それは音楽界に限らない実に深い内容だ）を導き出されているところが素晴らしい、と思う。

また、中野先生は、若いころ銀行員として欧州に留学された際に、ウィーン・フィルやアムステルダム・コンセルトヘボウ管弦楽団といった超有名オーケストラの凄腕の重鎮たちと懇意になられ、彼らから、フルトヴェングラーやカラヤンなどの往年の巨匠たちの指揮ぶりについての証言を聞き出すという、まさに神業的なことをやられている。実は私も、銀行員としてパリ留学やシカゴ駐在などを経験し、たくさんのコンサートやリサイタルを聴いて大いに楽しんだのだが、パリ管弦楽団やシカゴ交響楽団の重鎮たちと懇意になって指揮者やソリストの裏話を聞き出すなど、想像すらできないことだった。

中野先生の本では、『ウィーン・フィル　音と響きの秘密』（文春新書）、『丸山眞男　音楽の対話』（文春新書）、『指揮者の役割　ヨーロッパ三大オーケストラ物語』（新潮選書）の三冊が、私にとってバイブルともいうべき本となっており、それこそ何度読み返しては感慨に耽ったか分からない。本書では、これらの本からかなり引用させていただいている。

この数年、私は憧れの中野先生に幸運にも何度かお会いする機会をえて、直接言葉を交わしていただいたり、先生がプロデュースされたCDにサインをしていただいたりして、本当に忘れがたい思い出を作ることができた。なかでも、あるピアニストを通じて本書の「モーツァルト　クラリネット五重奏曲」の拙文を先生に読んでいただいた時、先生から「ウィーンのモーツァルトは懐かしい想い出です。私の音楽プロデューサー人生の原点ですから。実に正確に内容を把握しておられますね」とのお言葉をいただいたことは、私としては本当に光栄なことだった。

そして、先生から「ワルター・ヴェラーがヴァイオリンを辞めて指揮者に転向したのは、実は彼の奥さんのせいだった」との裏話をお聞きし、とても驚いた記憶がある。先生いわく、「ヴェラーの奥さんは著名なヴァイオリン教育者のお嬢さんだが、彼女が『私はマエストロの奥さんになりたい』といったことが、ヴェラーの指揮者転向の本当の理由だった」とのこと。愛する奥様の希望とはいえ、彼のヴァイオリン、あのウィーン情緒溢れる、しかも技術的にも突出したヴァイオリンが聴けなくなったことは残念でならない。クラシック音楽界にとってヴェラーの指揮者転向は、ヴンダーリヒの突然の事故死と同様、まさに衝撃的な大事件だったといえるだろう。

また、中野先生から、クレンペラー指揮／ニュー・フィルハーモニア管弦楽団のベートーヴェン交響曲全集（Blu-ray Disc）を紹介していただいたことも、私の音楽人生にとって大きな事件だった。特に、第五（運命）と第六（田園）のスケールの大きい、真摯で武骨な演奏は、「これこそベートーヴェンだ！」と感じざるをえない、強い説得力を持った演奏だ。この演奏を聴いてしまうと、他の指揮者／オーケストラの演奏はなかなか聴く気が起きなくなってくるほど、私にとっては衝撃的な演奏だった（クレンペラーの演奏については、第四章「すべてが理想的な「世界文化遺産」」をご参照いただきたい）。

中野先生は二〇二二年十二月現在、九十一歳になられているが、今後もお元気でご活躍されることを祈念してやまない。

第三章

オーケストラ固有の響きを求めて

極上のドレスデンの弦の響き

つまみ食いCD　モーツァルト「交響曲第二十九番」(第一・第二楽章)、歌劇「魔笛」(スウィトナー指揮／シュターツカペレ・ドレスデン)

モーツァルトの交響曲で最も好きな曲、といわれたら、私は後期の三大交響曲などではなく、第二十九番と答えることにしている。第二十九番は、曲が愛らしくて美しいだけでなく、オトマール・スウィトナー指揮／シュターツカペレ・ドレスデンによる飛びきり素敵で美しい演奏があるからだ。

一九七〇年代までは、各国のオーケストラがまだ固有の響きを持っていた時代だったと感じている。特に東欧のオーケストラは、独自の鄙びた響きを保持していたと思う。その典型的な例が、スウィトナー指揮／シュターツカペレ・ドレスデンのモーツァルトなのである。一九七〇年代を過ぎると、オーケストラのインターナショナル化が進み、独自の響きを聴くことができなくなってきたように思う。この点については、コラム「面白い演奏は一九七〇年代まで？」で論じたので、ご参照いただきたい。

第一楽章冒頭から始まるシュターツカペレ・ドレスデンの弦の響きは、本当にため息が出るほど美しい！　柔らかで上品で絹の肌触りのような響き。ウィーン・フィルともチェコ・フィルとも異なる、シュターツカペレ独自の弦の響きだ。そして、少し下がり気味に入ってくるホルンの合いの手（40秒辺り）も素朴で素晴らしい。この極上の響きに聴き惚れていると、知らずしらずのうちに第一楽章が終わってしまう。

第二楽章になると、弦の美しさはさらに際立ってくる。本当に柔らかくて透明な美しい響き！特に4分6秒と4分15秒辺り（TOWER RECORDS盤）のヴァイオリンの透き通るような音は、身震いするほど美しい！　どうか音量を少し上げて、この美しい響きに浸っていただきたい。

CDは二〇一九年に発売されたTOWER RECORDS（タワーレコードオリジナル企画）のSACD盤を是非お勧めしたい。実はこれまでのCDは、音の堅いドイツ盤（BERLIN Classics）ぐらいしかなかったため、私はやむなくLPの復刻盤CD（Silent Tone Record）を聴いていた。そこで、音の良いCD正規盤を長年求め続け、レコード会社に二度ほど手紙を書いてCD復刻を依頼したこともあったが、なかなか実現しなかった。諦めかけていた時に、やっと満足できる音のSAC

DがTOWER RECORDSから発売されたのである。一九六〇年の録音とは信じがたい、実に素晴らしい音だ。

このドレスデン独特の柔らかい響きは、モーツァルトのオペラ「魔笛」でも聴くことができる。オペラは長いので、まさにつまみ食いとなるが、冒頭の序曲（CD1のトラック1）や、パパゲーノのアリア「おれは鳥刺し」（CD1のトラック4）でのホルンの合いの手、そして夜の女王のアリア（CD2のトラック13）の伴奏で、その柔らかい響きを堪能することができる。また、パパゲーノの有名なアリア「恋人か女房が」（CD3のトラック9）でのチェレスタを伴った、羽毛のような柔らかい伴奏は、まさに夢見るメルヘンの世界だ。

＊　＊　＊

オトマール・スウィトナー（一九二二〜二〇一〇年）は、オーストリア出身の指揮者で、ドレスデン国立歌劇場やベルリン国立歌劇場の音楽監督などを務めるなど、主に東ドイツで活躍した人である。一九七三年にNHK交響楽団の名誉指揮者に就任するなど日本でも馴染みが深い人である。

モーツァルト「後期交響曲集」スウィトナー指揮／シュターツカペレ・ドレスデン（1960〜75年 TOWER RECORDS SACD/CD 0301396BC）

◆　◆　◆

モーツァルト「オペラ『魔笛』」スウィトナー指揮／ドレスデン・シュターツカペレ（CDの表記による）他（1970年 DENON COCQ-84126→8）

個性的で美しい弦の響き

つまみ食いCD

チャイコフスキー「弦楽セレナード」（第一・第二楽章）
〈パイヤール指揮／パイヤール室内管弦楽団〉～独特のフランスの弦の響き
〈ヴァルガ指揮／ティボール・ヴァルガ祝祭管弦楽団〉～驚くべき高水準の弦楽合奏

ここにチャイコフスキーの弦楽セレナードを採り上げたのは、この曲が好きだからというより、パイヤールとヴァルガがそれぞれ指揮する弦楽オーケストラの響きが、この上なく個性的で美しいからだ。

パイヤールのチャイコフスキーの第一楽章が始まった途端、その羽毛のように柔らかで美しい弦の響きにビックリするだろう。この響きは、ウィーン・フィルにも、シュターツカペレ・ドレスデンにもない、まさにパイヤール独自の、個性的で美しい響きだ。柔らかで甘酸っぱい、上品で典雅なフランスの弦の響き。どのようにしたらこのような響きが出せるのか、門外漢の私にはサッパリ分からないが、とにかく独特の美しい響きだ。チャイコフスキーの弦楽セレナードは、映画音楽のようなコッテリと甘い旋律が特徴なのだが、パイヤールの手にかかると、とても上品で洗練された曲に聴こえてくるのである。

忙しい方は、まず第一楽章と第二楽章だけでも聴いていただきたい。そして、彼らの美しい弦の響きに聴き惚れているうちに、この30分近くかかる大曲の最後まで、一気に聴いてしまうことになるだろう。

併録されているドヴォルザークの弦楽セレナードは、ドヴォルザークらしい懐かしい旋律美に溢れた名曲で、私はチャイコフスキーのセレナードより好きである。そして、このドヴォルザークでも、パイヤールは独特の洗練された上品な響きで、この名曲を奏でている。

また、ヴァルガの演奏も、パイヤールとは別の意味で美しい弦の響きを聴くことができる。第一楽章の冒頭は、深々とした意味深い響きだ。主題部に入ると、流麗で艶やかな弦の響きを堪能できる。第二楽章は、心のこもった瑞々しい弦の響きを聴くことができるし、強弱の付け方もかなり大胆だ。さらに第三楽章冒頭の、弱音での柔らかで美しい響きには、ハッとさせられてしまう。

これだけ素晴らしい弦楽合奏は、滅多に聴くことができないだろう。テンポや強弱、表情付けに関するヴァルガの意図が団員全員に隅々まで行き渡り、また団員の演奏技術の高さもあって、驚くべき完成度と優れた音楽性、そして美しい響きを示した稀有な演奏となっている。したがって、この曲に関しては、ヴァルガの演奏を第一に推すべきなのだが、外国盤で入手困難なのが残念だ。できればすべての楽章を聴いていただきたいのだが、忙しい方は、パイヤール盤と同様、第一楽章と第二楽章だけでも聴いていただきたい。

＊　＊　＊

ティボール・ヴァルガ（一九二一〜二〇〇三年）は、ハンガリー出身のヴァイオリニストで、指揮者・教育者としても活躍した人。活動地域が狭く、録音も少なかったので知名度はそれほど高くはないが、いちど彼の音楽性の魅力にハマると、なくてはならない貴重な演奏家となるはずだ。

ヴァルガのCDとしては、バッハ、モーツァルト（第五番）、ブルッフ、チャイコフスキーなどの協奏曲、モーツァルトの交響曲第三十六番（指揮も素晴らしい）などがあり、いずれも超の付く優れた名演である。現在、モーツァルトの協奏曲以外は外国盤のみのようであり、しかも中古市場でかなりの高値となっているようなので、TOWER RECORDSあたりで彼の名演の数々を是非復刻して欲しいと思う。

フランソワ・パイヤールについては、バッハの「音楽の捧げもの」（第一章「豊饒で官能的な音の饗宴」）でふれたので、ご参照いただきたい。

チャイコフスキー／ドヴォルザーク「弦楽セレナード」パイヤール指揮／パイヤール室内管弦楽団（1974年　ERATO B15D-39049）

チャイコフスキー「弦楽セレナード」他　ヴァルガ指揮／ティボール・ヴァルガ祝祭管弦楽団（1966～67年　PHILHARMONIA TIBOR VARGA Collection 18）

最高のクラシック音楽入門

――「独自の音」を持っていた黄金時代の記録

つまみ食いCD

「管弦楽名曲集」、「新世界より」、「モルダウ」他〈アンチェル指揮／チェコ・フィルハーモニー管弦楽団〉

管弦楽曲の名曲集といえば、オーマンディ、バーンスタイン、カラヤンなどの名前が挙げられるだろう。私は、オーマンディとバーンスタインに関してはどれも高水準の演奏で、お勧めするに躊躇しない。しかしながら、管弦楽名曲集としては、アンチェル指揮／チェコ・フィルハーモニー管弦楽団の二つのCD（CD①と②、丸数字は本項末尾記載CD）が断トツの素晴らしさであり、ぜひこちらを第一に勧めしたいと考えている。

私がクラシック音楽を好きになったきっかけは、アーサー・フィードラー指揮／ボストン・ポップス・オーケストラによるLPで、スッペの「軽騎兵序曲」を繰り返し聴いたことだった。ちょうど小学校で学年全員が楽器を持って、この曲を演奏する機会があったからだ。子ども心に、「なんて楽しい曲だろう！」と胸を躍らせて聴いた記憶がある。

このように、子ども時代にどんな素晴らしい曲に接するかは、その後のクラシック音楽との付き合いに大きく影響することになると思う。それには、真に本物の素晴らしい演奏に接することが極めて大切だ。そこで、子どもたちにぜひ勧めたいのが、アンチェル指揮／チェコ・フィルハーモニー管弦楽団による二枚の「管弦楽名曲集」だ。

まず第二集（CD②）に入っているロッシーニの「ウィリアム・テル序曲」を聴いていただきたい。冒頭のチェロと弦楽合奏の優しい響きは、まさに惚れぼれするほど美しい。「嵐」の荒れ狂う情景の描写、「牧歌」でのフルートとイングリッシュホルンの和やかな対話（それにしても、両楽器の音の瑞々しいこと！）、「スイス独立軍の行進」のワクワクする推進力、と本当に素晴らしい。これを聴くと、彼らが「通俗名曲の入門用の演奏」ではなく、自分たちの能力のすべてを捧げて、最高の演奏をしようとしていることがわかるだろう。まさにこのような本物の演奏こそ、ぜひ子どもたちに聴いてもらいたい。

この他に、リヒャルト・シュトラウスの「ティル・オイレンシュピーゲルの愉快ないたずら」の洒落た味わいも素晴らしいし、ベルリオーズの序曲「ローマの謝肉祭」や、第一集（CD①）に入っているグリンカの「ルスランとリュドミラ序曲」、スメタナの「売られた花嫁」序曲の、颯爽とした歯切れの良い演奏も素晴らしい。

チェコ・フィルは、アンチェル時代（一九五〇〜六八年）が一つのピークだったのでは、と思う。各楽器の演奏技術の高さ、総合的な合奏能力の高さ、そして、何にも増して、オーボエやホルンなど、チェコ・フィル独自のローカルな「音」を持っていた時代だったと思うからだ。そして、一九六〇年前後の録音にもかかわらず、SUPRAPHON（スプラフォン）の録音技術の高さにより、彼らの演奏がかなり鮮明な音で録音されているのも嬉しい。

アンチェルのCDは、モーツァルト、ブラームス、マーラー、バルトークなど、どれも高水準ですべてがお勧めの演奏といえる（彼のCDではずれの演奏はほとんどないといってよいだろう）。その中で私が好んで聴いているのは、ドヴォルザークの「交響曲第九番（新世界より）」、スメタナの「我が祖国」、ブラームスの「交響曲第二番」（以上三つはチェコ・フィル）、そしてハイドンの「交響曲第九十二番（オックスフォード）」（アムステルダム・コンセルトヘボウ管弦楽団）となるだろう。

「新世界より」（CD③）では、歯切れの良いキッパリとしたリズム、全体の見通しの良さや格調の高さ、といったアンチェルの特徴がよく出ており、単なるお国物の次元を超えた普遍性を持った演奏だと思う。さらに、チェコ・フィルの音の一つひとつが血の通った、まさに生身の人間が奏でている音であることだ。最近、このような血の通ったオーケストラの音がなかなか聴けなくなってしまったと思う。第一楽章54秒辺りのティンパニーの乾いた音、第二楽章4分20秒辺りのホルンの重奏の甘くてコクのある音、同じく第二楽章8分56秒辺りの弦楽合奏の柔らかな心温まる音など、これらは、まさにチェコ・フィル独自の、懐かしさを覚える「血の通った人間の音」だ。これは、団員一人ひとりが、ドヴォルザークの音楽に、そして指揮者アンチェルに心から共感しながら演奏しているからこそ、初めて出てくる音なのだと思う。

忙しい方は、「新世界より」の第二楽章だけでも聴いていただきたい。それから、このCDに併録されている序曲「謝肉祭」は、まるでライヴ録音のような熱い想いが伝わってくる演奏で、同曲のベスト演奏に挙げたい。

スメタナの「わが祖国」（CD④）の「モルダウ」は、壮麗なスケールを感じさせる演奏ながら、細かな表現にも目を配り、出てくる音楽は実に自然だ。5分51秒辺りから現われる弦の瑞々しい響きに心奪われてしまうし、7分4秒辺りに現われるホルンの合いの手も、とろけるように柔らかい独特な響きだ。決める時にきちっと決めるティンパニーも見事。そして大音量の合奏になっても決してわずらわしくならず、全体がまろやかにブレンドされて心地よく響く。やはりこの時期のチェコ・フィルはたいした実力だと思う。

ブラームスの「交響曲第二番」（CD⑤）の第一楽章は、心地よい流れの中で、チェコ・フィルが実に豊饒な音で心からの歌を奏でている。そして第三楽章では、冒頭のオーボエの昔ながらの懐かしい音色、23秒辺りや2分5秒辺りのホルンの柔らかくて濃厚な響きなど、チェコ・フィル独自の音が堪能できて嬉しくなってしまう。忙しい方は、第一楽章と第三楽章だけでも聴いていただきたい。

ハイドンの「交響曲第九十二番（オックスフォード）」（CD⑥）は、アムステルダム・コンセルトヘボウ管弦楽団とのライヴ録音。第一楽章冒頭の弦の柔らかな響きに、まずハッと引き込まれてしまう。主部に入って、アンチェルの軽快なリズムが冴えわたる。驚くべきは、一九七〇年の録音ながら、コンセルトヘボウ管弦楽団が、一九五〇年代のベイヌム時代のほの暗い濃厚な響き（オーボエやホルンなど）を残していると感じられることだ。特に第三楽章2分31分秒辺りのホルンの何と円やかでコクのある響き！　忙しい方は第一楽章だけでも（できれば第三楽章も）聴いていただきたい。

＊　＊　＊

カレル・アンチェル（一九〇八〜七三年）は、ボヘミア生まれの指揮者で、ナチスによって演奏活動を妨げられ、アウシュヴィッツ収容所で妻子を失うという悲劇に遭う。一九五〇年よりチェコ・フィルの常任指揮者となり同フィルの黄金期を築いたが、一九六八年のチェコ事件を契機にチェコを離れ、晩年はカナダを中心に演奏活動を行なった。

①「管弦楽名曲集 Vol.1」アンチェル指揮／チェコ・フィルハーモニー管弦楽団（1958～65年 SUPRAPHON COCQ-84484）

②「管弦楽名曲集 Vol.2」アンチェル指揮／チェコ・フィルハーモニー管弦楽団（1960～64年 SUPRAPHON COCQ-84485）

③ドヴォルザーク「交響曲第9番（新世界より）」他 アンチェル指揮／チェコ・フィルハーモニー管弦楽団（1961年 SUPRAPHON COCO-70499）

④スメタナ「連作交響詩『わが祖国』」アンチェル指揮／チェコ・フィルハーモニー管弦楽団（1963年 SUPRAPHON COCQ-84080）

⑤ブラームス「交響曲第2番」他 アンチェル指揮／チェコ・フィルハーモニー管弦楽団（1963～67年 SUPRAPHON COCQ-84082）

⑥ハイドン「交響曲第92番（オックスフォード）」他 アンチェル指揮／アムステルダム・コンセルトヘボウ管弦楽団（1970年 tahra KICC 1103）

コラム

面白い演奏は一九七〇年代まで？

この本で採り上げたCDの中で古い録音が多いのは、私のコレクションに古い年代のものが多いからなのだが、それは、私が新しい年代の録音になかなか食指が動かないことも大きく影響していると思う。

確かに最近のCDの演奏は、素晴らしい録音で、オーケストラは超優秀、ベートーヴェンの交響曲などはそれなりに重厚で立派な音を出しているように聴こえるのだが、私が重視する「心から感動する演奏」、「ハッとするような心に迫る演奏」であるかとなると、首をかしげたくなる演奏が多い。どれも平均的に優秀な演奏なのだが、ハラハラ・ドキドキするような、心に突き刺さるような特徴に欠けている気がする。

中野雄先生が書かれた『ウィーン・フィル　音と響きの秘密』の中で、作曲家・音楽評論家の柴田南雄氏が、一九七〇年代に演奏が「面白くなくなった」と慨嘆された、と書かれている。私が中野先生にお会いした時、「なぜ一九七〇年代に演奏が面白くなくなったのですか？」

と尋ねたところ、先生は「そうですね……。オーケストラがインターナショナルになってきたことも理由の一つですね」と答えられた。確かに、交通の利便性が高まって人々の移動が容易になって、オーケストラのローカル性が次第に薄れていき、どのオーケストラも極めて優秀だが同じような音を出すようになってしまった、と感じる。

一九六〇年前後のアンチェル／チェコ・フィルの演奏は、まさにチェコ・フィル独自のまろやかにブレンドされた響きや、オーボエやホルンのコクのある音が聴けたし、やはり一九六〇年代前半のクリュイタンス／パリ音楽院管弦楽団などのフランスのオーケストラからは、まさにフランスならではの甘酸っぱい独特の響き（特にホルン）を聴くことができた。スピーカーから音が流れ出た瞬間、ある程度オーケストラをいいあてることができるぐらい、かなり明確な違いがあったのである。今の時代、古くからのローカルな音をかろうじて保っているメジャー・オーケストラは、ウィーン・フィルぐらいではないかと思う（ただし、中野先生のお話では、ウィーン・フィルも「最近はかなりお金で動くことになってきた」とか）。

どのオーケストラを聴いても、優秀だが同じような音しか出てこなくなったために、クラシック音楽を聴く楽しみがかなり減ってしまった、と感じるのは贅沢な悩みなのだろうか。オーケストラのインターナショナル化については、中野雄先生の著書『ウィーン・フィル音と響きの秘密』（以下、中野雄先生の「ウィーン・フィルの本」）に詳細な分析がなされている。先生は音楽プロデューサーとして長年クラシック音楽界で活躍されてきた重鎮であり、その分析は説得力が強い、と感じている。その先生から、クラシック音楽界の現状に対し悲痛な嘆きの言葉が聞かれるのだ。先生の分析の要点をまとめながら、私見を交えて考察していきたい。

①圧倒的な能力と権威を持った巨匠たちがいなくなったこと

フルトヴェングラー、トスカニーニ、ワルター、カラヤンといった往年の巨匠たちは、一九五〇年代から八〇年代にかけて相次いで亡くなってしまった。現在、彼らに匹敵するような圧倒的なカリスマ性を持った指揮者は、残念ながらほとんどいなくなってしまったと思う（強いて挙げれば、九十歳代半ばになっても現役で活躍しているブロムシュテットぐらいか）。彼らの多くは、それこそ地方のオペラ劇場の下積みの苦労を経て、師匠の指揮ぶりを、それこそ盗み見しながら指揮法を学んだ人たちである。実際、彼らはオペラ劇場のコレペティトアとして、ピアノ伴奏をしながら歌手の息遣いに合わせて演奏する技術を習得したり、様々な雑用をこなしたりしながらオペラという総合芸術の制作の現場をじっくり経験したのである。

その結果、彼らは団員たちを遥かに超越する知識・経験を持ち、団員たちを心服させながら（時には完膚なきまでに服従させながら）、自分の信じる音楽を再現しようとしたのである。すなわち、「この部分での作曲家の意図はこうであり、したがってこのテンポ・強弱・音色で演奏すべきなのだ」という主張を徹底的にオーケストラに叩き込み、実現させていった。

一方、現代の若い指揮者の中には、音楽学校で体系的に「指揮法」を学び、いくつかのコンクールで優秀な成績を収めてデビューする人が多い。彼らは、一癖も二癖もある団員たちを圧倒するような見識も経験も持ち合わせていないため、オーケストラには優しく友好的に接することにならざるをえない。団員を心服させるカリスマ指揮者たちと、団員との協調性を重んじる現代の指揮者たちとどちらがよいのか……、これは一律に結論を出すのは難しい問題だと思う。しかしながら、私の耳で聴く限り、現在の指揮者たちの演奏から、往年の巨匠たちから感じられる圧倒的な凄み・深み・痛切な響き、などを聴くことがなかなかできない、と感じてしまう。

②コンクールの弊害

現在、指揮者・ピアノ・ヴァイオリンあるいはその他の楽器で、世界中でコンクールが乱立している。芸術の世界で順位を付けることは、そもそも難しいことなのだが、あえて順位を付けるからには、多くの審査員から高い点を取るための演奏、すなわちミスのない平均的に優れた演奏をせざるをえなくなる。結果として「少しぐらい演奏に疵《きず》があっても、個性的で面白い、将来が期待できる、といった若者がコンクールで上位に入賞する可能性は低くならざるをえない」のである（『ウィーン・フィルの本』）。芸術の世界で、いくら優秀とはいえ、個性の薄い、平均的に優れた「無難な」演奏の中から、人々をハッとさせ、心の底から感動させるような演奏が生まれてくるのだろうか、と疑問に思わざるをえない。

また、ピアニストの小山実稚恵氏は、自身が審査したコンクールでの経験について次のように述べている。「出場者のみなさん、とてもお上手《じょうず》なんです。とにかく指がよくまわる。ところが、ミス・タッチをおそれ、まちがいなく弾《ひ》くことだけに精神を集中している人が多い。良くは弾《ひ》いているんだけど、聴《き》くほうには何も伝わってきません」（中野雄著『音楽家になるには』〈二〇〇二年　ぺりかん社〉）。

テクニックは優れていても、聴き手に伝わるメッセージがなければ、聴き手に感動を与えるような演奏はできないと思う。聴き手に何も伝わらないような演奏に対し、貴重な時間とお金を割いて会場に足を運ぶ人が、はたしてどれだけいるだろうか。

③パックス・アメリカーナ——画一化・均質化への道

ロシア革命や第二次世界大戦などにより、「西欧・中欧・東欧から人間とともにアメリカ全土に雪崩《なだ》れこんだ音楽文化が、僅々数十年の間に壮大な国籍不明の音楽産業を作り出し、しかもその影響が世界規模で拡がったのである」。そこで問題となるのは、「機械的《メカニック》な正確さと磨き上げられた表面的な美しさ＝いわゆる美音の追求が、最も重視されるべき演奏家の課題《テーマ》となった」（「ウィーン・フィルの本」）ことである。

ヴァイオリン界最高の名人であるハイフェッツは「ステージで、私はよく心が凍りつくような想いを味わう。客席のすべての眼と耳が、私の犯すかもしれないミスを聴き逃すまいと張りつめ、視線と聴覚が舞台で演奏している私に集中している。あの人たちは、いったい何を見、何を聴くためにコンサート会場に来ているんだろう」（同）と語った。聴衆は、彼の奏でるモーツァルトやベートーヴェンの解釈を聴いているのではなく、彼の技術の正確性のみを（そしてその一瞬の綻《ほころ》びを期待して）聴きに来ているだけだ。なんと恐ろしい光景だろう。これが音楽芸術の鑑賞といえるのだろうか、と疑問に感じざるをえない。音楽芸術とは、作曲家が楽譜に込めた意図を演奏家が探求し、それを演奏行為によって再現し、聴き手に伝えて感動をもたらす芸術であり、演奏技術はその流れをサポートする手段に過ぎないはずなのに。

クラシック音楽界におけるアメリカの巨大市場と、それを背景にしたアメリカのマネジメント業界（コロンビア・アーティスツなど）やレコード業界、教育界の影響が世界に波及し、中野先生は「ただ問題は、この外形整然、内容空疎という〝アメリカの病〟が、グローバル化の美名のもと、全世界に拡がりつつあるところにある」（同）と痛切に嘆かれているが、クラシック音楽界に長く携わった名プロデューサーによる警告の言葉として、重く受け止めなければならないことだと思う。

④演奏の伝達手段の進化

音楽の記録媒体がSP→LP→CD／SACDへと進化し、オンラインの音楽配信サービスが普及することにより、音楽がより簡単に気軽に聴けるようになったことは、クラシック音楽の普及、という意味で非常によいことなのだが、芸術性という観点から見てはたしてよいことなのか、と首を傾げざるをえない。

演奏する側から見れば、著名な演奏家の模範演奏がCDやYouTubeなどを通じていつでも簡単に聴くことができるようになり、その結果として演奏の標準化・平均化が進むようになってきたと思われる。これらの伝達手段がない時代は、それこそ演奏家が楽譜を読み込み、自ら考え抜いて作曲家の意図を汲み取り、それを演奏という行為を通じて再現せざるをえなかったのであり、そこに個性的な演奏が生まれざるをえない素地があったのである（中野雄著『指揮者の役割　ヨーロッパ三大オーケストラ物語』の中で紹介された篠崎史紀氏〈N響コンサートマスター〉の意見）。

また、今では自分たちの演奏が、オンラインで瞬く間に世界中で聴かれることになり、その感想・評価も瞬く間に世界中でツイートされるようになった。どうしても、安全運転しながら万人受けする演奏を目指すことになってしまうのではないか、と私は危惧する。

聴く側からすると、あまりにも容易に安価に（時にはタダで）音楽を手に入れることができるようになり、音楽を〝ありがたいもの〟〝貴重なもの〟として真摯に向き合って聴く風潮が薄れてきているのでは、と危惧してしまう。一昔前なら、「高額なLPには手が届かないので、憧れの演奏をFMのエアチェックで聴きながらカセットに録音した」とか、「リクエストしたLPがかかるまで、一杯のコーヒーで何時間も音楽喫茶で粘っていた」とか、「欲しいLPやCDを中古屋で探し回り、見つけるのに何年もかかった」といった涙ぐましい努力が行なわれてきたのだ（これはおじさんの回顧です）。

また現在は、視聴する媒体も、ＰＣやスマホなどを通じてヘッドホンやイヤホン、あるいは小さなスピーカーなどで聴くことが多くなり、演奏家が奏でている実際の音とはかなり異なる音を聴いている可能性もあるのではないか、と危惧してしまう（もちろん、ＰＣをＤＡＣに繋いで、といった本格的な聴き方をする人も増えているようだが）。このような状況の中で、本物の音や響きを味わい、演奏者の意図や心の動き、息遣いなどを追い求めて共感するような、本当の意味での感動体験をえることができるのだろうか、とはなはだ疑問に感じてしまう。

聴衆が、ワクワクするようなスリリングで感動的な演奏を体験し難くなった結果、音楽を提供する演奏家たちも、わざわざ危険を冒してまで冒険する必要がなくなってきたのではないか、と危惧してしまう。

第四章

指揮者とオーケストラの理想的な関係

どこまでも自然な音楽の流れ

つまみ食いCD
モーツァルト「アイネ・クライネ・ナハトムジーク」（第一楽章）〈リステンパルト指揮／ザール放送室内管弦楽団〉

アイネ・クライネ・ナハトムジークは、モーツァルトの数ある名曲の中で最も有名な曲だろう。同曲を収めたCDはおびただしい数に上り、どれを選んでよいか途方に暮れてしまうほどだ。その中で私が最も気に入っているのが、リステンパルトの演奏だ。

第一楽章が始まった途端、何とも爽やかで美しい弦の響きが聴こえてくる。そしてじつに整然とした見通しのよい演奏が繰り広げられる。今まで何度も聴いた曲なのに、まるで初めて聴いたような新鮮な響き。忙しい方は、ぜひ第一楽章だけでも聴いていただきたい。

特に何もしていないように音楽は進んでいくが、強弱やテンポについての指揮者の細かい指示が隅々まで行きわたり、しかも出てくる音楽は自然そのもの。弦は心から楽しんで歌っており、モーツァルトの美しい旋律を心ゆくまで堪能できる。どこまでがモーツァルトでどこまでがリステンパルトか分からない。これはオーケストラの団員が指揮者を心から信頼し、彼の指示に共感しながら演奏しているからこそできる至芸だと思う。指揮者とオーケストラの、まさに理想の関係ということができるだろう。

＊　＊　＊

ドイツ出身のカール・リステンパルト（一九〇〇〜六七年）は、バッハやモーツァルトのスペシャリストとして知られる指揮者。第二次大戦後からバッハのカンタータを中心に演奏活動を開始したが、一九五三年ザール放送室内管弦楽団を創設、フランスのエラートなどに多くの名演を残している。

モーツァルト「アイネ・クライネ・ナハトムジーク」他　リステンパルト指揮／ザール放送室内管弦楽団（1960年代前半〜中頃　ERATO　WPCS-22080）

すべてが理想的な「世界文化遺産」

つまみ食いCD

ベートーヴェン「交響曲第六番（田園）」（第一・二・五楽章）
（ワルター指揮／コロンビア交響楽団）
番外編：クレンペラー指揮／ニュー・フィルハーモニア管弦楽団 他のベートーヴェン交響曲全集（Blu-ray Disc）

ベートーヴェンの交響曲といえば、第三番「英雄」、第五番「運命」、第九番「合唱」などを真っ先に挙げなければならないだろう。しかし、私はここで第六番「田園」を挙げることにしたい。穏やかで美しい旋律に溢れた名曲であるとともに、ブルーノ・ワルター指揮／コロンビア交響楽団という、人類の至宝ともいうべき名演があるからだ。

私にとって「田園」といえばワルター／コロンビア交響楽団であり、小学生時代から何度も繰り返して聴いた結果、もう私の体に染みついてしまった演奏だ。

「完全無欠の演奏」とは、まさにこのような演奏をいうのだろう。最初から最後まで、テンポも、音の強弱も、音色やニュアンスの変化も、これ以上ないと思うくらい、すべてがほぼ理想的に進められていく。聴く人は、この豊饒で心地よい音楽の流れに身を任せるだけでよいのだ。これは、オーケストラの団員全員が、ワルターを心から尊敬し、ワルターの指揮に心酔して演奏しているからこそ可能な奇跡だと思う。まさに、人類レコード史上最大の奇跡であり、「世界文化遺産」といってもよいのではないか、と思う（あえてほんの少しだけ欲をいえば、一九三六年のウィーン・フィルとの「田園」で聴かれた、「馥郁《ふくいく》とした高貴な響き」が聴かれないことだろう。でも、それはない物ねだりも甚だしい、と私自身思う）。

第一楽章が始まった途端、何ともいえない懐かしさがこみあげてくる。優しくて流麗で、しかも明るく楽しい演奏。聴いていて心が和み、気持ちが晴れ晴れとしてくる。第二楽章はホッと安らぎを感じさせる演奏。穏やかな幸福感に溢れている。特にフルートによる小鳥の囀《さえず》りが美しさの限りだ。

もし時間がなければ、第一楽章・第二楽章、そして最後の第五楽章を聴いていただきたい。第五楽章は、指揮者もオーケストラも音楽する喜びに満ち溢れた演奏であり、それが豊饒な音の塊りとなって聴く人に迫ってくるのだ。そして7分55秒辺り（SONYのSACD盤）の、音が放射状に解き放たれた、と思われる瞬間こそ、この演奏の大きな聴きどころだと思う。私にとってはまさにカタルシスの瞬間、と感じる箇所である。

この演奏はSONYのSACDの盤を選ぶ。なぜなら、SONYのCDはリマスタリングの仕方によって音がかなり変わってしまい、その結果演奏の印象まで大きく変わってしまっているからだ（多くは悪い方向に）。そこで、SACDプレーヤーをお持ちの方は、ぜひSACD盤を購入していただきたい。オリジナルLPの瑞々しい音にかなり近いと思われる音を堪能できる。SACDプレーヤーをお持ちでない方は、この録音を行なったマックルーアがリマスタリングしたCDを探していただくか、状態の良いLPから復刻したCD（私はMYTHOS盤とGRAND SLAM盤を愛聴している）を探していただくことになるが、中古市場でかなりの高値が付くなど、入手が難しいのが難点だ。

本来は、ワルターの演奏一つで事足りると思っていたところ、最近、とんでもない「田園」に出会うことができ、その演奏にふれざるをえなくなってしまった。このブルーレイディスクをご紹介いただいた中野雄先生には心より感謝いたしたい（このブルーレイディスクについては、コラム「中野雄先生について」にも記載したのでご参照いただきたい）。

このブルーレイディスクは、一九七〇年、クレンペラーが八十五歳の時に行なった、彼の生涯最後のベートーヴェン交響曲全曲の演奏である。それが何とカラー映像で見ることができる。以前から、クレンペラーの重厚な演奏に惹かれていた私にとって、こんな喜びはない。この企画を行なったジョン・カルショーには心から感謝せざるをえない。オーケストラは、主兵のニュー・フィルハーモニア管弦楽団。ロイヤル・フェスティヴァル・ホールでの実演で、聴衆の興奮した拍手も見ることができる。

総じて、巨人の足取りの揺るぎない堂々としたテンポ、そして真摯で重厚な響きが特徴である。全九曲の中で、特に印象的だったのは、第四、第五（運命）、第六（田園）、第八の四曲だ。第五は、曲そのものがゴツゴツした緊張感に溢れており、クレンペラーの特徴にピッタリだ。しかし、驚いたのは、第四、六、八という、どちらかといえば地味と思われる曲での、スケールの大きな演奏ぶりだ。特に第四の第四楽章を聴くと、「第四交響曲は、こんなにも巨大な曲だったのか」と改めて曲の素晴らしさを認識したほどだ。

そして「田園」の第五楽章は、ゆったりとしたテンポに乗った壮麗な演奏で、神々しさすら感じられる。

クレンペラーは、椅子に座ったまま、指揮棒を持った右手をぎこちなく動かしており、指揮としては分かりにくい部類に入るだろう。それにもかかわらず、オーケストラから出てくる音は、まさに地響きを立てるような重厚で分厚い響きだ。各楽器は目一杯音を鳴らし、それが壮大な音の洪水となって聴く者に迫ってくる。そこには、音のバランスを整えようとか、綺麗に響かせようといった意図はまったく感じられず、ただひたすらに、クレンペラーの指揮に心服しながら、ベートーヴェンの偉大な音楽を奏でようとする団員の真摯な姿があるだけだ。

このぎこちない指揮から、なぜこのような真摯で重厚で巨大な響きが出てくるのだろうか。これを奇跡といわずしてなんといおう？　中野雄氏の『指揮者の役割　ヨーロッパ三大オーケストラ物語』によれば、ウィーン・フィルの元首席クラリネット奏者であるプリンツ氏は、クレンペラーの指揮について「じっと楽譜に目を落としているんだが、彼がわれわれに何を要求しているのかは、身体全体から発する霊気で解ったよ」と述べたとか。さもありなんと思えるエピソードである。

＊　＊　＊

ブルーノ・ワルター（一八七六〜一九六二年）は、ベルリン出身の指揮者で、ドイツの主要歌劇場やウィーン国立歌劇場の監督を務めるなど、ヨーロッパを中心に活躍。しかしながら、ナチスの台頭により米国に亡命し、晩年は専用のオーケストラをえて数々の録音を行なった。

オットー・クレンペラー（一八八五〜一九七三年）はドイツ出身の指揮者・作曲家で、逸話の多い人である（不倫相手の夫からこん棒で殴られ、頭に包帯を巻いたまま指揮をした、寝たばこのまま寝込んで大やけどを負った、等々）。これらの逸話（一種の変人）と、晩年の微動だにしない巨大な指揮ぶりとのギャップが面白い。

ベートーヴェン「交響曲第6番（田園）」ワルター指揮／コロンビア交響楽団（1958年　SONYのSACD盤　SRGR 707、またはMYTHOSやGRAND SLAMのLP復刻盤）

◆　◆　◆

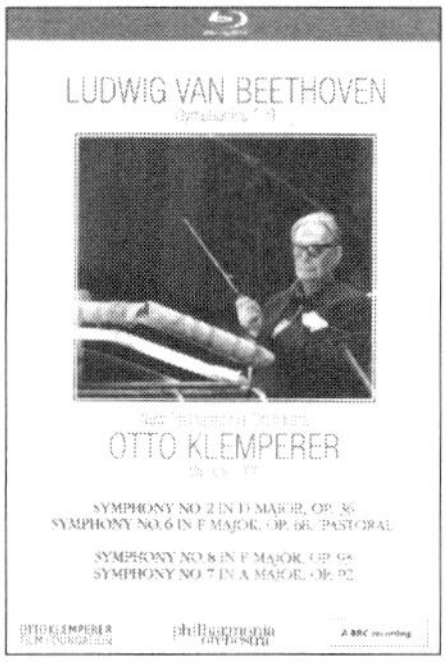

番外編：「ベートーヴェン交響曲全集」クレンペラー指揮／ニュー・フィルハーモニア管弦楽団 他（1970年　Blu-ray Disc　KING INTERNATIONAL INC　KKC 9476）

隠れた巨匠のしみじみした味わい

つまみ食いCD

ブラームス「交響曲第四番」（第二楽章）〈ナヌート指揮／紀尾井シンフォニエッタ東京〉

ブラームスの「交響曲第四番」は、人生の黄昏を感じさせる、寂寥感溢れる曲。晦渋で少々取っ付き難い印象を受けるが、一度その魅力にハマると、なくてはならない大切な曲となる。ブラームスの四つの交響曲の中でこの曲が一番好きな曲となっているのは、私が人生の寂しさ・侘しさを感じる年齢になったからだろうか。

これも名曲なだけに、名盤が目白押しであり、どれを選んでよいか途方に暮れてしまう。壮絶なフルトヴェングラー指揮／ベルリン・フィルハーモニー管弦楽団（一九四八年　ライヴ＊補足）、歌に満ち溢れたワルター指揮／コロンビア交響楽団（一九五九年　SONY）、燻し銀のような弦の響きが美しいザンデルリンク指揮／ドレスデン・シュターツカペレ（一九七二年　DENON）、歯切れがよく積極的な表現のクライバー指揮／ウィーン・フィルハーモニー管弦楽団（一九八〇年ドイツ・グラモフォン）など枚挙にいとまがない。

その中で、今一番私の心を捉えているのが、アントン・ナヌート指揮／紀尾井シンフォニエッタ東京（現在の紀尾井ホール室内管弦楽団）によるライヴ演奏である。聞いたこともない指揮者で、しかも日本のオーケストラの演奏を挙げるとは！　しかし、これが実にしみじみとした味わい深い演奏だ。

特に、第二楽章の第二主題（4分5秒辺りから）の弱音でのしみじみと歌うチェロとそれに優しく寄り添うヴァイオリン、そして第二主題の再現部（8分41秒辺りから）のじっくりテンポを落として歌う弦の表現に、私は完全に魅せられてしまった。こんなしみじみと重厚な、しかも熱い想いを秘めた響きは滅多に聴けないと思う。ナヌートのブラームスに対する並々ならぬ思いが彼の指揮棒からほとばしり出て、それを感知したオーケストラが渾身の思いを込めて演奏した結果、このような響きが生まれてきたのだろう。これは、ナヌートとオーケストラの間に確固たる信頼関係が構築されていたからこそ可能な「濃密な心の通い合い」であり、聴衆はそれを目の前で見聴きして、さらに感動を深めていく。まさにライヴならではの素晴らしい瞬間だと思う。ＣＤの解説をみると、第一ヴァイオリンはわずか十人とのこと。まさに奇跡が起こったとしかいいようがない。忙しい方は、この第二楽章だけでも聴いていただきたい（ナヌートが、その時この部分をどのように指揮したのか、実際に演奏した人たちに尋ねてみたいと考えているが、はたして可能なのだろうか……）。

＊　＊　＊

こんな素晴らしい演奏を披露したアントン・ナヌート（一九三二～二〇一七年）とはどんな指揮者だろう？　ナヌートはスロヴェニア出身の指揮者で、長らく母国中心に演奏活動を行なっていたため、日本では無名に近い人だった。録音も廉価版扱いだったが、紀尾井シンフォニエッタ東京との最晩年（当時八十歳）の共演で、彼の実力が強く印象付けられたことは嬉しいかぎりである。これは、札幌交響楽団がエリシュカを首席客演指揮者に迎えて数々の名録音を残したのと似たような現象だ。日本人が、東欧の隠れた実力者を発掘して、その真価を世に知らしめたという点で、まさに特筆すべ快挙だと思う。

＊演奏の素晴らしさから選べば、フルトヴェングラー指揮／ベルリン・フィルのライヴ演奏（一九四八年）を第一に挙げることになるだろう（まさに別格の第一位である）。第二楽章第二主題の

再現部（8分38秒辺り、後述のGRAND SLAM盤）の弦楽器の唸りを上げる壮絶な響き！　これは彼にしか出せない音だ。この演奏を第一に推さなかったのは、あまりにも切実で重たい演奏なので、頻繁に聴くたぐいの演奏ではないこと、また録音が古く、よいLP復刻盤を選ぶ必要があること（私はGRAND SLAM盤で聴いている）など、一般的ではないと考えたからだ。どうか、ナヌートやワルターらの演奏でこの曲に慣れていただいてから、フルトヴェングラーの演奏を聴いていただきたい。そうすれば、なぜフルトヴェングラーが二十世紀最高の指揮者の一人とされ、いまだに根強い人気を持ち続けているのか、ご理解いただけると思う。

ブラームス「交響曲第4番」他
ナヌート指揮／紀尾井シンフォニエッタ東京（2013年　EXTON OVCL-00508）

ブラームス「交響曲第4番」他
フルトヴェングラー指揮／ベルリン・フィルハーモニー管弦楽団（1948年　GRAND SLAM GS-2012）

瑞々しい歌に溢れている

つまみ食いCD
ドヴォルザーク「交響曲第八番」（第三楽章）（エリシュカ指揮／札幌交響楽団）

ドヴォルザークの交響曲は、第九番の「新世界より」が断トツに有名だが、第八番はそれに劣らず美しい旋律に溢れた名曲である。私はどちらかといえば、第八番を聴くことのほうが多い。第一楽章冒頭のチェロの朗々とした旋律はじつに魅力的だし、なんといっても第三楽章の哀愁を帯びたワルツ風の旋律が、流麗でことのほか美しいからだ。私は忙しい時は、第三楽章のみ、もう少し時間に余裕があれば、第一楽章と第四楽章も聴くことにしている。

第八番は、ブロムシュテット指揮／シュターツカペレ・ドレスデン（一九七四年）、ジュリーニ指揮／ロイヤル・コンセルトヘボウ管弦楽団（一九九〇年）、アンチェル指揮／同コンセルトヘボウ管弦楽団（一九七〇年）など、名盤がひしめくなか、今最も気に入っているのが、エリシュカ指揮／札幌交響楽団の演奏だ。私見では、日本のオーケストラの中で、札響の弦が一番美しいと思う。それは、ただ単に音色が美しいだけでなく、心からの「歌」が聴けるからだ。その最もよい例が、第三楽章の第一主題の再現部だろう（4分3秒辺り）。ここでは、第一ヴァイオリンが感極まって、一瞬だが少し上ずるような表現を見せる。聴いているこちらも、胸がキュンとしてくる瞬間だ。おそらく、エリシュカが練習時とは異なる何らかの動きをし、ヴァイオリンがそれに瞬時に反応したもの、ということができるだろう（エリシュカが会場の雰囲気やオケの奮闘ぶりから何らかの霊感を感じて、咄嗟に違う行動を取ったものと勝手に想像している）。これこそライヴ演奏の醍醐味であり、聴衆はそれを見聴きすることで、さらに感動が深まる。私はこのCDを聴く時、この箇所が現われるのをいつも心待ちにして聴いている。

エリシュカ／札響の第八番は、すべての楽章が瑞々しい歌に溢れた名演であり、私的には同曲のベスト・ワンに挙げたい、と思っている。札響がエリシュカを心から尊敬し、その一挙一動に敏感に反応しながら、じつに充実した演奏を行なっている。しかも全編、歌心に満ち溢れている。私は、ブロムシュテット／シュターツカペレ・ドレスデンの第八番も愛聴しているが（最近、TOWER RECORDSよりSACD盤も出た）、弦の瑞々しい歌に関する限り、札響のほうが上ではないか、とすら思っている。日本のオーケストラからこれだけの音を引き出すとは、まさに奇跡といってよく、指揮者とオーケストラの幸福で理想的な関係を見ることができるだろう。

＊　＊　＊

ラドミル・エリシュカ（一九三一〜二〇一九年）は、プラハ芸術アカデミーなどで指揮法の教鞭を執るなど、チェコ指揮界の重鎮であったが、東西冷戦の影響で西側では活動しなかったため、二〇〇四年に七十三歳で日本デビューをはたすまで、日本でもほとんど知られていなかった人である。しかし、彼の類いまれな音楽性とオーケストラ・ビルダーとしての力量が、札響との一連の録音を通じて、日本の音楽ファンに届くことになったことは、本当に幸運なことだったと思う。

このコンビのCDは、他のドヴォルザークの交響曲やブラームス、チャイコフスキーの交響曲など、すべてが名演といってよいと思う。その中で、チャイコフスキーの「交響曲第五番」（特に「第四楽章」がワクワクするほどの楽しさ）とリムスキー＝コルサコフの「シェエラザード」をお勧めしたい。

特に「シェエラザード」の演奏の素晴らしさについて、どのような言葉で説明したらよいだろう。本当にニュアンス豊かで瑞々しく美しい演奏なのだ。

エリシュカと札幌交響楽団の類まれな信頼関係から生まれた「シェエラザード」の名演につい

ては、第六章「管弦楽による官能的に美しい旋律」でふれたので、ぜひご参照いただきたい。

ドヴォルザーク「交響曲第８番」他　エリシュカ指揮／札幌交響楽団（2013年　Pastier DQC-1162）

◆　◆　◆

チャイコフスキー「交響曲第５番」他　エリシュカ指揮／札幌交響楽団（2016年　Pastier DQC-1581）

リムスキー＝コルサコフ「シェエラザード」他　エリシュカ指揮／札幌交響楽団（2017年　CD: Pastier　DQC-1619、Blu-ray Disc: Altus　ALTBD 001）

第五章

個性的な指揮者たちによる凄演・快演

壮麗・壮絶なモーツァルト演奏

つまみ食いCD

モーツァルト「交響曲第四十番」・「第四十一番（ジュピター）」
〈ジュリーニ指揮／ベルリン・フィルハーモニー管弦楽団〉～壮麗なギリシャ神殿
〈ブリュッヘン指揮／18世紀オーケストラ〉～壮絶な演奏の記録

モーツァルトの「第四十番」は、「疾走する哀しみ」の名言を持ち出すまでもなく、儚い哀しみがヒシヒシと、心の襞にふれるように演奏されることが多い。その中で、ジュリーニ盤とブリュッヘン盤は、このような演奏とは異なる、独自のモーツァルト像を打ち立てた演奏として、ここに紹介する。

ジュリーニの「四十番」や「四十一番」の演奏は、まるでギリシャ神殿のように、実に堂々とした壮麗な演奏である。特に低弦がズシリと響いてきて、ベートーヴェンを思わせるようなピラミッド型の音型となっている。本来ならモーツァルトの演奏にそぐわないはずなのに、これが説得力ある演奏になっているのだから驚くほかない。特に「第四十一番（ジュピター）」第四楽章フィナーレで、その特徴が遺憾なく発揮されていて、素晴らしい。

また、ブリュッヘン盤（後期三大交響曲）は、亡くなる四年前の実況録音だ。これら三曲は、痛切な心の痛みが伝わってくる壮絶な演奏であり、こんな演奏を続けていたら、それこそ命がいくつあっても足りないくらいだと思う。ブリュッヘンは古楽界の大御所だが、使用する楽器や時代考証などの範疇を超えて、モーツァルトの痛切な心情を極限まで表現することに成功したのである。その意味で、ブリュッヘンは、古楽界の中では異色の、実に偉大な演奏家だったと思う。

モーツァルト「交響曲第40番」・「第41番（ジュピター）」ジュリーニ指揮／ベルリン・フィルハーモニー管弦楽団（1991年　SONY　SK 47264）

モーツァルト「後期三大交響曲」ブリュッヘン指揮／18世紀オーケストラ（2010年　GLOSSA　GCD 921119）

抱腹絶倒の楽しさ

つまみ食いCD

ヨハン・シュトラウス「ラデツキー行進曲」〈フリッチャイ指揮／ベルリン放送交響楽団〉

気分が落ち込んだ時、真っ先に聴いていただきたい演奏が、フリッチャイによる「ラデツキー行進曲」である。とにかく楽しくて爽快この上なく、元気回復間違いなしの演奏だ。

「ラデツキー行進曲」は、ワルツ王ヨハン・シュトラウス二世の父ヨハン・シュトラウス一世の代表作。毎年一月一日に行なわれるウィーン・フィルのニューイヤー・コンサートの、まさに最後を飾る定番曲である。

行進曲なので、そもそも明るく楽しい曲なのだが、このフリッチャイの演奏は、まさに抱腹絶倒の楽しさだ。というのも、普段は隠れて聴きとれない楽器が、急に表に現われ、ここぞとばかり自己主張するからである。たとえば、冒頭9秒目辺りの、ホルンの浮き上がるような強奏（確かにスコアにはクレッシェンドと書いてある)、22秒目辺りのトロンボーンの強奏、そして1分18秒辺りのトランペットの強奏(スコアでffとなっている)等々……。また、ここでは木管楽器も躁状態のように吹きまくる。

これはフリッチャイが亡くなる二年前の録音。白血病に侵され、余命いくばくもない時期の演奏のはずが、この明るさは何だろう。チャイコフスキー「悲愴」で重苦しい演奏をした人と同一人物だとはとても思えない。これは死を意識したゆえの躁状態なのだろうか。なお、彼の「悲愴」の素晴らしさについては、第六章「この世で最も美しい旋律とは」で書いたので、ご参照いただきたい。

＊　＊　＊

フェレンツ・フリッチャイ(一九一四〜六三年)は、ハンガリーの指揮者で、ベルリン市立歌劇場の音楽監督やRIAS交響楽団の首席指揮者、バイエルン国立歌劇場の音楽監督などを歴任した。また、ベルリン・フィルやウィーン・フィルを振るなど、ヨーロッパ音楽界で将来を嘱望された逸材だった人だが、白血病により四十八歳の若さで亡くなった。

なお、この演奏のＣＤはTOWER RECORDS盤をぜひお勧めしたい（右の批評もTOWER RECORDS盤による）。というのも、TOWER RECORDS盤の復刻が最も鮮明であり、各楽器をはっきり聴き分けることができるからだ。ＣＤも復刻によって音が著しく変わるよい例だと思うし、今後ＣＤを購入する上で、復刻の良し悪しも判断材料になることをぜひ知っていただきたいと思う。

「ヨハン・シュトラウス作品集」より「ラデツキー行進曲」フリッチャイ指揮／ベルリン放送交響楽団（1961年 TOWER RECORDS PROC-1268）

滲み出る歌心

つまみ食いCD

ビゼー「アルルの女組曲」、レハール「金と銀」他（ケンペ指揮／バンベルク交響楽団、ドレスデン・シュターツカペレ）

ルドルフ・ケンペは、どちらかといえば「地味だが堅実なドイツの指揮者」というイメージが強い。確かに声高に自己主張するタイプの指揮者ではないが、たとえばBBC交響楽団とのブラームス交響曲第四番（一九七六年　ライヴ）のように、なかなか情熱的で時に熱く燃え上がるような指揮をする人でもある。

さらに私は、ケンペのことを「歌心に溢れた指揮者」とも評価したい。その歌い方は、イタリア・オペラのように高らかに歌い上げるのではなく、じわじわと滲み出るように心からの歌を歌う。そのよい例が、バンベルク交響楽団との「アルルの女組曲」であり、ミュンヘン・フィルとの「ドヴォルザーク交響曲第八番」であり、そしてドレスデン・シュターツカペレとの「金と銀」

であると思う。

「アルルの女組曲第一番」（CD①、丸数字は本項末尾記載CD）の「前奏曲」では、3分13秒辺りからから始まるサクソフォンのソロで、奏者に思う存分歌わせている。こんなに歌わせている演奏は珍しいのでは、と思う（それにしてもこのサクソフォン・ソロの見事なこと！）。この「アルルの女組曲」を含め、彼がバンベルク交響楽団と録った一連の録音（「ブラームス交響曲第二番」や「ハイドンの主題による変奏曲」など、CD②）は、すべて歌心に溢れた名演といってよいと思う。

また、「ドヴォルザーク交響曲第八番」（CD③）の第三楽章では、弦をじつにしなやかに、そして艶やかに歌わせている。これがドイツのオーケストラとは思えないほどだ。

そして、「金と銀」（CD④）では、弦があの有名な主題をゆったりと大らかに歌うところ（1分24秒辺り）が惚れぼれするほど美しい。その後、弦が音量を下げて弾くなか、ハープがほのかにふんわりと浮かび上がる箇所（2分辺り）は、ハッとため息が出るほどの美しさだ。また、5分58秒辺りで、今度は木管がクッキリと浮かび上がる箇所も同様に美しい。この「金と銀」は、ケンペの類いまれな歌心と、ドレスデン・シュターツカペレの美しい響きの両方が味わえる、誠に贅沢な名演だと思う。なお、「金と銀」は、TOWER RECORDSよりSACDも出ている。

＊　＊　＊

ルドルフ・ケンペ（一九一〇〜七六年）は、ドレスデン出身で、オーボエ奏者から指揮者になった人である。ドレスデン国立歌劇場やバイエルン国立歌劇場の音楽監督や、ミュンヘン・フィルなどの首席指揮者を務めるなど、ドイツを代表する指揮者として活躍した。

①ビゼー「アルルの女組曲第1番・第2番」他　ケンペ指揮／バンベルク交響楽団（1963年　DENON　COCQ-84273）

②ブラームス「交響曲第2番」他　ケンペ指揮／バンベルク交響楽団（1963年　DENON　COCO-70711）

③ドヴォルザーク「交響曲第8番」他　ケンペ指揮／ミュンヘン・フィルハーモニー管弦楽団（1972年　ライヴ　SCRIBENDUM　SC 004）

④ウィンナ・ワルツ・コンサートより「金と銀」他　ケンペ指揮／ドレスデン・シュターツカペレ（1972〜73年　CD: DENON　COCO-70420　SACD: TOWER RECORDS　TWSA-1027）

フランス音楽の第一人者による この上なく爽快で気分が晴れる演奏

つまみ食いCD

シャブリエ「狂詩曲スペイン」・「楽しい行進曲」、サン＝サーンス「フランス軍隊行進曲」、ラヴェル「ラ・ヴァルス」・「ダフニスとクロエ」・「マ・メール・ロワ」他（パレー／デトロイト響）

気持ちが沈んでいる時、パレー／デトロイト交響楽団によるシャブリエの「狂詩曲スペイン」や「楽しい行進曲」（CD①、丸数字は本項末尾記載CD）を聴けば、スッキリすること間違いなし！これほど爽快で気分が晴れればれする演奏は滅多にないと思う。パレー／デトロイト交響楽団が奏でる音は、パリッとして爽やかであり、しかも洒落っ気もある。名前を伏せたら、これがアメリカのオーケストラだとはとても思えないだろう。彼らの「狂詩曲スペイン」を聴いてしまうと、他の演奏は生ぬるく感じてしまうと思う。また、サン＝サーンスの「フランス軍隊行進曲」（CD②）は、これ以上ないほど速いテンポで演奏されるが、デトロイト交響楽団の名人芸により、一糸乱れぬアンサンブルを繰り広げていて唖然としてしまう。

今、パレー／デトロイト交響楽団の華やかな点に注目してCDを選んでみたが、実はパレーはラヴェルやドビュッシーなどのフランス音楽を演奏する最良の指揮者の一人でもある。ラヴェルの「ラ・ヴァルス」（CD③）は華やかな色彩感と圧倒的な迫力で同曲ベスト・ワンに掲げたい超名演だ。また、ラヴェルの「ダフニスとクロエ第二組曲」（CD④）、「マ・メール・ロワ（マザー・グース）」（CD⑤）、ドビュッシーの「牧神の午後への前奏曲」（CD⑤）などの演奏は、しみじみとした詩情がたまらなく美しい。そして音色は実に繊細で色彩豊かだ。たとえば、「ダフニスとクロエ第二組曲」の「夜明け」の木管の色鮮やかな音色（特に1分47秒辺りのピッコロ）は、本当にゾクゾクするほど美しい。また、「マ・メール・ロア」の「パゴダの女王レドロネット」の鮮やかな色彩感や「妖精の園」の詩情溢れる表現も見事だ。

ラヴェルの「スペイン狂詩曲」（CD③）の「祭」や、ドビュッシーの「夜想曲」（CD④）の「祭」、同「海」（CD⑤）の「風と海の対話」なども、ぜひ聴いていただきたい。このコンビの華やかな色彩感がタダモノでないことを実感していただけると思う。

この他にも私が気に入っている演奏として、ドヴォルザークの「新世界より」（CD⑥）を挙げたい。第二楽章のしみじみとした味わい、第四楽章の無駄を排したキッパリした表現は、なかなか爽快で聴きごたえがある。

また、特筆すべきは、一九五〇年代半ば〜六〇年代前半の録音であるにもかかわらず、音が鮮明で瑞々しいことだ。各楽器がクッキリと浮かび上がり、しかもじつに音楽的に鳴り響く。特に一九五九年録音の「狂詩曲スペイン」の入ったシャブリエ名曲集はSACD盤も出ており、音はさらに繊細さを増し、各楽器が華やかに響き渡り、まさにゴージャスな耳のご馳走となる。最新の録音よりもはるかに音楽的で素晴らしい音だと思う。六十年以上もの間、録音技術ははたして進歩してきたのだろうか、と考え込んでしまった。

*　　*　　*

ポール・パレー（一八八六〜一九七九年）はフランスの指揮者・作曲家で、オーケストラ・ビルダーとして優れた手腕を発揮し、デトロイト交響楽団を全米屈指のオーケストラに変身させた。出身地のフランス物に定評がある。

①「シャブリエ名曲集」より「狂詩曲スペイン」・「楽しい行進曲」他　パレー指揮／デトロイト交響楽団（1957～59年　MERCURY　CD: 434 3032　SACD: 475 6183）

◆　◆　◆

②「フランスの行進曲と序曲集」より サン＝サーンス「フランス軍隊行進曲」他　パレー指揮／デトロイト交響楽団（1959～60年　MERCURY　434 332-2）

③ラヴェル「スペイン狂詩曲」・「亡き王女のためのパヴァーヌ」・「ラ・ヴァルス」・「クープランの墓」他　パレー指揮／デトロイト交響楽団（1959～62年　MERCURY 432 003-2）

④ラヴェル「ダフニスとクロエ第2組曲」・「ボレロ」他　ドビュッシー「夜想曲」他　パレー指揮／デトロイト交響楽団（1958～61年　MERCURY 434 306-2）

⑤ドビュッシー「海」、「牧神の午後の前奏曲」ラヴェル「マ・メール・ロワ（マザー・グース）」他　パレー指揮／デトロイト交響楽団（1955～57年　MERCURY 434 343-2）

⑥ドヴォルザーク 交響曲第9番「新世界より」他　パレー指揮／デトロイト交響楽団（1959～60年　MERCURY 434 317-2）

気分転換にもってこいの爽快な曲と演奏

つまみ食いCD

レスピーギ「ローマの松」より「アッピア街道の松」（山田一雄、バティス、スヴェトラーノフ、トスカニーニ）

「アッピア街道の松」は、気分が落ち込んだ時に、よく聴くCDだ。これは、レスピーギの代表作である「ローマ三部作」の「ローマの松」の中の一曲。レスピーギは、管弦楽法の大家であるリムスキー＝コルサコフに作曲を師事したため、じつに色彩豊かな管弦楽曲を書いた人。特に、「アッピア街道の松」の後半部分は、曲が徐々にクレッシェンドしていくなか、金管楽器群がここぞとばかり咆哮し、ティンパニーなどの打楽器群が強打を炸裂させるので、まさに気分がスカッとする曲である。

名曲なだけに、有名指揮者・オーケストラによるCDが目白押しだが、私がよく聴くのは、山田一雄指揮／東京都交響楽団（一九八九年　ライヴ、CD①、丸数字は本項末尾掲載CD）、バティス指揮／ロイヤル・フィル（CD②）、スヴェトラーノフ指揮／ソヴィエト国立交響楽団（一九八〇年ライヴ、CD③）、トスカニーニ指揮／NBC交響楽団（CD④）の四つだ。

長らく、この曲のベスト演奏は、トスカニーニ指揮／NBC交響楽団の演奏（CD④）とされてきた。私もつい最近まで、ほとんどトスカニーニ盤しか聴いてこなかった。特に、XRCDやGRAND SLAM盤（オープンリール・テープからの復刻で音がより生々しく感じられる）が出てから、トスカニーニの演奏のこの上ない迫力に圧倒され、この演奏さえあればほかは要らない、とまで考えていたのである。

ところが最近、ある日本のオーケストラの実演をホールで聴いて、身震いするほど感動したことがあり、それから考えを変えるようになった。この曲は金管楽器の咆哮や打楽器の強打が命であり、それは実演でないとなかなか味わえない、と感じたからだ。そこで、CDもライヴ演奏で録音がよいものであれば、それが一番よいのでは、と考えるに至ったのである。

今の私の私的ベストは、ライヴ演奏のCD、それも日本人の指揮者・オーケストラによる演奏だ（日本人の演奏ながら、何故か外国盤の形で出ている）。

山田一雄（CD①）は演奏当時七十六歳、逝去のわずか二年前の演奏だ。しかし、そこには老いのかけらは微塵もなく、むしろこの上なくエネルギッシュで、オーケストラを叱咤激励するエネルギーに満ち溢れている。悠揚迫らぬテンポ、そしてクレッシェンドで徐々に盛り上がっていく様子は不気味ささえ感じるほど。そして、嬉しいことに一九八九年当時の東京都交響楽団の技術が素晴らしく、録音もこの時代のライヴとしてはなかなか優秀だ。

日本のオーケストラによるライヴ盤には、バッティストーニ指揮／東京フィルハーモニー交響楽団の演奏もある。こちらのほうは、オーケストラの技術が一段と素晴らしく（英米の一流オケに負けない上手さ！）、録音も優秀、そしてじつに生気溢れる迫力満点の演奏が繰り広げられている。こちらの盤を推したいとも思ったのだが、なぜか山田盤のほうに食指が動いてしまう。バッティストーニ盤は録音がよすぎるせいか、私の装置では音が柔らかくブレンドされるように聴こえる。一方、山田盤は、山田の神がかり的な気迫に反応して、オーケストラが持てる力を存分に発揮している点が、感動を呼ぶのだと思う。

メキシコの指揮者であるバティスの演奏（ＣＤ②）は、テンポが速く、ストレートに盛り上げていく演奏。その興奮した盛り上がり方は尋常ではなく、金管楽器も打楽器も暴力的に聴こえるほどだ。スタジオ録音ながら、まさにライヴ演奏を聴いているような印象を受ける。そこがバティスの真骨頂であり、この曲にはプラスに働いていると思う。NAXOSという廉価版だが、録音もオーケストラの技術も申し分ない。

スヴェトラーノフ（CD③）は、やはりライヴの興奮を伝えてくれる演奏。四つの中では最もテンポが遅く、ゆっくりした息の長いクレッシェンドはまさに悠揚迫らぬ大迫力だ。そして、フェルマータの実に長いこと（なんと14秒）！ SCRIBENDUMという外国盤でなかなか手に入り難いCDで、音もイマイチなのだが、運よく中古で見つけたら、即買いだと思う。

・レスピーギ「ローマ三部作」

①山田一雄指揮／東京都交響楽団（1989年　TOBU RECORDINGS　TBRCD0018-2）

◆　◆　◆

②バティス指揮／ロイヤル・フィルハーモニー管弦楽団（1991年　NAXOS　8.550539）

③スヴェトラーノフ指揮／ソヴィエト国立交響楽団（1980年　SCRIBENDUM　SC021）

④トスカニーニ指揮／NBC交響楽団（1949～53年　JVCのXRCD　JM-M24XR01またはGRAND SLAM　GS2143）

おらが国の音楽だ！

つまみ食いCD
グローフェ「組曲　グランド・キャニオン」より「山道を行く」〈ハンソン指揮／イーストマン＝ロチェスター管弦楽団〉

バッハやベートーヴェンなどの、理詰めに構築されたドイツ音楽を聴いたあとは、気分転換として、映画音楽などの娯楽的な音楽を無性に聴きたくなることがある。そんな時、よく取り上げて聴くのが、グランド・キャニオンだ。雄大な大峡谷の情景を描いた五つの組曲で、特に「山道を行く」は親しみやすい旋律で人気がある。

演奏は、ハンソン指揮／イーストマン＝ロチェスター管弦楽団に止《とど》めを刺したい。特に「山道を行く」が傑作中の傑作だと思う。ロバの足取りを現わすオーボエの、ちょっと間の抜けたテンポ感が実に絶妙で、覚束ない足取りのロバの姿が目に浮かんできて、思わず吹き出してしまう。オーケストラは超一流とはいえないものの、指揮者の意図に沿ってローカル色溢れる見事な演奏をしていると思う。指揮者もオーケストラも、まさに「おらが国の音楽」を心から楽しんで演奏している。

グランド・キャニオンには、オーマンディ指揮／フィラデルフィア管弦楽団や、バーンスタイン指揮／ニューヨーク・フィルなどの名演もあり、一般的にはそちらのほうを採ることになるだろう。しかし、私にとって、米国の超一流オーケストラによる演奏は、かえって上手過ぎて、華やか過ぎて、あまり食指が動かない（このような曲を振る時のオーマンディは「本当に上手い！」と感心してしまうのだが）。やはりここは、素朴で土の香りがするハンソン盤を第一に推したいと思う。

さらにハンソン盤で感心するのは、その録音の見事さだ。一九五八年という、ステレオ初期の録音にもかかわらず、鮮明かつ音楽的な音が聴こえてくる。5分21秒から始まるチェレスタの独

グローフェ「組曲グランド・キャニオン」他　ハンソン指揮／イーストマン＝ロチェスター管弦楽団（1957〜58年 MERCURY　UCCD-4740）

奏は、まるで目の前で演奏されているかのように、クッキリ音が聴こえる。前々項のシャブリエなどのフランス音楽で採り上げたパレー／デトロイト交響楽団の録音も同様の素晴らしさだった。これらMERCURYの優れた録音を聴いてしまうと、録音技術はこの六十年間ではたして本当に進歩してきたのか、と疑問を感じてしまう。

第六章

「こだわりの曲」の理想の演奏を求めて

名画を思い浮かべながら聴くモーツァルト

つまみ食いCD
モーツァルト「ピアノ協奏曲第二十三番」（第二楽章）〈ブリュショルリ（ピアノ）他、遠山慶子（ピアノ）他、バレンボイム（ピアノと指揮）他の旧盤、グード（ピアノと指揮）他〉

奥蓼科にひっそりと佇む御射鹿池《みしゃがいけ》は、紅葉のスポットとして有名な小さな池。私は一度、三月に訪れたことがあるが、まだ池の表面が凍っており、訪れる人もほとんどなく、どちらかといえば寂しい小さな池、との印象だった。今度は新緑の美しい時期か、紅葉の時にぜひ訪れてみたいと思っている。

この御射鹿池は、東山魁夷画伯の「緑響く」のモデルとなった池としても有名だ。「緑響く」では、濃い緑の木々が池の面に逆さに写り、その中を白い馬が現れる、とても幻想的でロマンチックな絵である。私は長年待ち続けて、やっと「緑響く」の実物を見ることができたが、その幻想的で神秘的な美しさにしばし見とれて、立ち尽くしてしまった記憶がある。

東山画伯は、白い馬が池畔に現われる光景を思い浮かべた時、「私はその時、なんとなくモーツァルト　ピアノ協奏曲（第二十三番の）第二楽章の旋律が響いているのを感じた」と語られたとのこと。そうであれば、「緑響く」を愛する私としては、その名画に相応しい名演を探さざるをえないではないか！

そこで、画伯が聴かれただろうと思われるギーゼキング盤（長野県立美術館の東山魁夷館で、ギーゼキングのLP表紙の一部を見ることができたが、それが第二十三番の演奏のものかはよく分からなかった）を含む十五種類ほどのCDの第二楽章をあれこれ聴き比べてみたのだが、これは！　と感じたCDは、ブリュショルリ盤（CD①、丸数字は本項末尾記載CD）、遠山慶子盤（CD②）、バレンボイムの旧盤（CD③）、グード盤（CD④）の四つだった。そのなかでも私が特に気に入って聴いているのは、ブリュショルリ盤と遠山慶子盤の二つである。

ブリュショルリ（CD①）のピアノは、タッチが明晰で、音が透き通るように美しく、そこ儚い愁いに満ちた表現は、名画の幻想的で神秘的な雰囲気をよく表わしていると思う。パウムガルトナー指揮のオーケストラも、じつに美しいモーツァルトを奏でている。

一方、遠山慶子（CD②）のピアノは、控えめでおっとりした表現によって、この曲の美しさが自然に滲み出てくるような演奏だ。CDを聴いているうちに、演奏者の存在を忘れて、モーツァルトの美しい旋律に自ずと浸ることになる、その意味では稀有な演奏だと思う。ゼッキ指揮の群馬交響楽団が明るくてセンスのある素晴らしいモーツァルトを奏でている。名前を伏せて聴いたら、欧米のオーケストラだと思う人もいるだろう。ここでの群響は、ポーランド国立放送交響楽団（第二十七番の協奏曲で遠山の伴奏をしている）よりもずっと魅力的な演奏をしていると思う。録音当時八十歳だったゼッキの指揮によるところも大きいと思うが、一九八〇年代に、日本のオーケストラがこれだけの水準のモーツァルトを演奏していたとは、とても嬉しい発見だった。

なお、遠山慶子には、モーツァルトのピアノ協奏曲第二十七番やピアノ四重奏曲（第一番・第二番）の名演もある（前者については次項の第二十七番でふれたので、ご参照いただきたい）。ピアノ四重奏曲では、遠山慶子はもう少し積極的な面も見せており、ウィーンの名手たちと流麗で推進力のある演奏を繰り広げていて素晴らしいと思う。

バレンボイム（ピアノと指揮）の旧盤（CD③）は、実にロマンチックな演奏だ。彼の溢れんばかりの歌心が、最も素晴らしい形で現れた演奏だと思う。あの名画のロマンチックな雰囲気を好む人には、この演奏が一番ピッタリくるかもしれない。バレンボイムについては、ブラームスのドイツ・レクイエム（第六章「瑞々しい青春の歌」）で書いたように、自分のやりたい表現を臆することなく実現できた、デビューしたての若武者の頃のバレンボイムが一番好きだ。

グード（ピアノと指揮、ＣＤ④）は、ゆっくりとしたテンポで一音一音噛みしめるように進む演奏。タッチが硬質で特に弱音の響きが繊細で美しい。また、オルフェウス室内管弦楽団は優秀な団体で、この四枚の中では最も透明で美しいモーツァルトを奏でていると思う。

・モーツァルト「ピアノ協奏曲第23番」

①ブリュショルリ（ピアノ）／パウムガルトナー（指揮）／ザルツブルク・モーツァルテウム・カメラータ・アカデミカ（1961年 DENON COCQ-84274）

◆ ◆ ◆

②遠山慶子（ピアノ）／ゼッキ（指揮）／群馬交響楽団（1983年 カメラータ・トウキョウ 32CM-3）

③バレンボイム（ピアノと指揮）／イギリス室内管弦楽団（1967年 EMI TOCE 4064）

④グード（ピアノと指揮）／オルフェウス室内管弦楽団（1981年 Nonesuch 79042-2）

モーツァルトの「白鳥の歌」

つまみ食いCD

モーツァルト「ピアノ協奏曲第二十七番」（第一・第三楽章）〔シフ（ピアノ）／ヴェーグ（指揮）／ザルツブルク・モーツァルテウム・カメラータ・アカデミカ〕

モーツァルト最晩年のこのピアノ協奏曲は、どこまでも清らかで静謐で美しい曲で、まさに「白鳥の歌」であり「彼岸の音楽」である。ここでは、モーツァルトはまさに澄み切った心境で、この世のものとは思えないほど美しい曲を書いたのである。丸山眞男氏は、この曲を「和声の異常とも言える透明感、あれは『死の予感』と『諦め』の音楽です。透明度の高さは、バッハを超えているかもしれない」と評している（中野雄著『丸山眞男　音楽の対話』）。したがって、彼の書いた音符をひたすら謙虚に淡々と演奏しなければならず、そこに人為的な要素が一切入ってはならない。

特に、「春への憧れ」の旋律に似た第三楽章は、まるで天使たちが花園で遊んでいるかのような美しさだ。忙しい人は、第一楽章、そしてこの天上の音楽のように美しい第三楽章を聴いていただきたい。

この曲は純粋で美しいだけに、ピアノだけなくオーケストラにも極めて高い純度の演奏が求められると思う。私がこの曲の名盤といわれる多くのCDで気になっているのは、オーケストラが元気一杯に音を鳴らし過ぎることだ。たとえば第一楽章の四一小節目・四五小節目、第三楽章の一八一小節目・二六八小節目などは、スコアでは確かにフォルテの指示となっているのだが、多くのオーケストラはこれらの箇所でグッと音量を上げて元気一杯に演奏してしまうのである。「せめてメゾフォルテぐらいにして、もっとデリケートに演奏してくれないか?」と感じてしまう。私は、このような元気な演奏に接すると、何か人為的なものを感じて少々興覚めしてしまう。もっと繊細で優しい演奏を期待しているのに、これでは台なしになってしまうではないか、と。

一般には、バックハウス(ピアノ)/ベーム(指揮)/ウィーン・フィルハーモニー管弦楽団の演奏が非常に高い評価をえており、あの宇野功芳氏も大絶賛している歴史的な演奏だ。しかし私の装置で聴くと、バックハウスのピアノもベームの指揮も、特にフォルテの箇所では、「もう少しデリカシーがあってもよいのにな……」、と感じてしまう。宇野先生の批評とはかなり異なる意見となるので、念のため何度も聴き直してみたのだが、残念ながら私の結論は変わらなかった。

福島章恭氏は『モーツァルトをCDで極める』（二〇〇二年　毎日新聞社）という本の中で、このバックハウス／ベームの演奏を「無骨なモーツァルト」と評されている。私も福島氏とほぼ同様の感想を持ってしまい、「もう少しデリケートに演奏して欲しい」と感じてしまう。

同じく世評の高いヘブラー／ドホナーニ盤、ハイドシェック／ヴァンデルノート盤も、私の装置で聴く限り、フォルテの箇所でのオーケストラの元気のよさがどうしても気になってしまう。ヘブラーのピアノが可憐で美しく、ハイドシェックのピアノが夢見るようなファンタジー溢れる演奏であるだけに、とても惜しい気がする。

この曲の理想の演奏を長年求め続けてきたが、なかなかこれは！　と思う演奏に出会えなかった。しかし、最近になってやっと一つだけ見つけることができた。それは、シフ（ピアノ）／ヴェーグ（指揮）／ザルツブルク・モーツァルテウム・カメラータ・アカデミカのCD①（丸数字は本項末尾記載CD）だ。この演奏は、まさに別次元の純粋さと美しさを誇っているからだ。特に、ヴェーグ指揮のオーケストラは、透明で純粋で惚れぼれするほど美しい。どのようにしたら、このような美しい響きが出せるのか、不思議なくらいだ。確かに前述のフォルテの箇所では音量を上げているが、響きの純度が極めて高いので、音が柔らかく溶け合い、私の装置で聴く限りそれほど煩《うるさ》くは感じられない。また、シフのピアノもじつに慎ましやかで繊細で本当に美しい。第三楽章だけでなく第一楽章からも、天上から響いてくるような、この世のものとは思えない美しさを感じさせる演奏は、このCDだけだと思う。

ヴェーグ指揮のオーケストラは、まさに彼岸の世界の演奏であり、これを聴いてしまうと、他のCDのオーケストラ演奏は、どんなに優れていても、現世の中での美しさでしかない。

シフ／ヴェーグの水準にもう少しで近づくと思えるのが、前述のヘブラー盤（CD②）やハイドシェック盤（CD③）の他、ルイサダ／メイエ盤（CD④）、内田光子の弾き語り盤（クリーヴランド管弦楽団、CD⑤）、カーゾン／ブリテン盤（CD⑥）、だと考えている。

ルイサダのピアノは、何か夢をみているようなファンタジー溢れる美しい演奏だ。また、メイエはクラリネットの名手だが、オーケストラを綺麗に柔らかく鳴らしており、指揮者としても一流の腕前を持っている人だと思った。その結果として、第三楽章は、明るくて無邪気で爽やかな演奏だ。人によっては明る過ぎると感じるかもしれない。しかし、この無邪気な明るさこそ、「魔笛」にも通じる、モーツァルト最晩年の心境を現している、といえるのではないだろうか。

内田は愁いを帯びた音色で、とてもデリケートに美しく演奏しており、まさにモーツァルトの「白鳥の歌」に相応しいと思う。第三楽章では、左手に少しアクセントを付けて演奏しているのがユニークだ。テイト盤と自身の弾き語り盤（クリーヴランド管弦楽団）の二つがあるが、オーケストラの純度が高く、より落ち着きのある「弾き語り盤」のほうが素晴らしいと思う（これで、第三楽章がもう少しファンタジーに溢れた演奏であれば、申し分ないのだが）。

カーゾンは、速めのテンポでスッキリ慎ましく演奏しているのが素晴らしい。音もキラキラ輝いて聴こえる。伴奏は、セル、ケルテス、ブリテン、クーベリックと複数あり、聴き比べてみたところ、ブリテン盤が最も明朗で素晴らしいと思った（ただし、フォルテの箇所ではやはり強くなってしまう）。

その次のグループに挙げられる演奏は、遠山慶子（CD⑦）、クリーン／スクロヴァチェフスキー盤（CD⑧）、ビルソン（CD⑨）、プレスラー（CD⑩）となるだろう。

遠山慶子は、特に第三楽章が素晴らしいと思う。おっとりしたテンポで奏でられるピアノはまさに純粋無垢そのものであり、この曲の美しさを心から堪能することができる。これでオーケストラの音色がさらに魅力的であれば……、と本当に惜しい気がする。

クリーンは、硬質でキラキラ輝く音質が素晴らしい（時々フォルテがきつい、と感じることもあるが）。そして、第三楽章のカデンツァで、「春への憧れ」の旋律を歌いだすところが、なんとも嬉しい。伴奏は、若杉弘／NHK交響楽団とスクロヴァチェフスキー／ミネソタ管弦楽団の二つがあるが、前者は明朗で素晴らしい伴奏であるものの、録音がイマイチであり（というより、音響の良くないNHKホールでの録音であることがじつに残念でならない）、後者の透明感のある伴奏を採ることにしたい。

同じく、第三楽章のカデンツァで「春への憧れ」を弾いているのがビルソンだ。古楽器による

・モーツァルト「ピアノ協奏曲第27番」

①シフ（ピアノ）／ヴェーグ（指揮）／ザルツブルク・モーツァルテウム・カメラータ・アカデミカ（1987年　DECCA　421 259-2）

◆　◆　◆

②ヘブラー（ピアノ）／ドホナーニ（指揮）／ウィーン交響楽団（1959年　PHILIPS　UCCP-9381）

③ハイドシェック（ピアノ）／ヴァンデルノート（指揮）／パリ音楽院管弦楽団（1962年　SERAPHIM　TOCE 7161）

④ルイサダ（ピアノ）／メイエ（指揮）／オルケストラ・ディ・パドヴァ・エ・デル・ヴェネート（2001年　BMG　74321 911572）

⑤内田光子（ピアノと指揮）／クリーヴランド管弦楽団（2010年　DECCA　478 2596）

⑥カーゾン（ピアノ）／ブリテン（指揮）／イギリス室内管弦楽団（1970年　LONDON　POCL-9839）

◆　◆　◆

⑦遠山慶子（ピアノ）／ヴィット（指揮）／ポーランド国立放送交響楽団（1991年　カメラータ・トウキョウ　32CM-222）

⑧クリーン（ピアノ）／スクロヴァチェフスキー（指揮）／ミネソタ管弦楽団（1978年　VOX　COCQ-84707〜11）

⑨ビルソン（フォルテピアノ）／ガーディナー（指揮）／イングリッシュ・バロック・ソロイスツ（1988年　ARCHIV　427 652-2）

⑩プレスラー（ピアノ）／イシイ（指揮）／マグデブルク・フィルハーモニー管弦楽団（2016年　CAvi-Music　42 6008553387 9）

演奏は、最初は抵抗を感じるかもしれないが、フォルテピアノもオーケストラも音色が素朴であり、フォルテの箇所でも煩く感じられないところがよいと思う。

プレスラーは、ゆったりしたテンポで大らかに歌う演奏。特に第三楽章は、まさに天国で天使たちがゆったり飛翔するように穏やかで美しい演奏だ。イシイ指揮のオーケストラも、ピアニストに優しく寄り添ってまずまず好演していると思う（ヴェーグのような美しい音を求めるのは酷というものだろう）。第三楽章だけなら、この演奏はもっと上位に入ってくると思う。惜しむらくは、第二楽章がピアノもオケも少々慎重になり過ぎた印象を受けることだ（この遅いテンポこそ、第二楽章の神髄を突いている、と感じる人もいるかもしれないが、私はもっと自然に歌って欲しいと思った）。

ブルックナーの素晴らしさを知るには

つまみ食いCD
ブルックナー「交響曲第七番」（第一楽章・第二楽章）
〈朝比奈隆指揮／大阪フィルハーモニー交響楽団〉
〈ブロムシュテット指揮／ドレスデン・シュターツカペレ〉

私は北アルプスの山々を眺めるのが大好きで、よく信州の北西部（安曇野・大町・白馬あたり）を訪れる。特に池田町の町立美術館や小川村のアルプス展望台から眺める北アルプスの山々は、冬場はハッとするほど美しい。また大望峠から眺める戸隠連峰の威容、そして白馬の大出の吊橋から眺める白馬三山の雄姿と姫川の流れなど、まさに心洗われる美しさだ。言葉にならないほど感激し、しばし眺め続けることになる。その時私の頭に浮かぶのが、ブルックナーの一連の交響曲である。

ブルックナーの交響曲は、とても長大で、「何をいいたいのかさっぱり分からない」といった印象を持ちやすい。宇野功芳氏の著書『モーツァルトとブルックナー』（一九七三年　帰徳書房）

の中で「ブルックナーの音楽は逍遥だよ」という言葉に初めて接した時も、最初はその意味がなかなか理解できなかった。そうした中で、大自然にふれて、その崇高な美しさに接する機会が増えてきた時、ブルックナーの音楽が少しずつ分かるようになってきた。なるほど、ブルックナーの音楽は、大自然の崇高な美しさを讃えながらの「逍遥」なのだ、と。

このブルックナーの神髄を突いた演奏で、しかも演奏水準も高い、という基準から交響曲第七番の名演を選ぶと、ヨッフム最晩年のアムステルダム・コンセルトヘボウ管弦楽団との来日公演（特に第二楽章が感涙物の名演　一九八六年　ALTUS）やマタチッチ指揮／チェコ・フィルハーモニー管弦楽団によるスケールの大きな演奏（一九六七年　SUPRAPHON）などを挙げることになるだろう。しかし、ここでは、ブルックナーの音楽への入門編として、朝比奈隆氏とブロムシュテットの演奏を採り上げることにしたい。忙しい方は、彼らの第一楽章や第二楽章の演奏だけでもよいので、できれば音量を大きめにして、体全体で音楽に浸っていただく感じで聴いていただきたいと思う。

これらの演奏を聴いて、少しでもブルックナーに興味を持っていただいたなら、ヨッフム、マタチッチ、ヴァント、シューリヒト、クナッパーツブッシュなどのブルックナーのスペシャリストたちの名演を聴いていただきたいし、またブルックナーの最高傑作である第八番や第九番にも耳を傾けていただきたい、と思う。

㈠朝比奈隆指揮／大阪フィルハーモニー交響楽団①（第一楽章・第二楽章）

＊丸数字は本項末尾記載ＣＤ

この朝比奈氏の演奏は、ブルックナーの素晴らしさを初めて教えてくれた、私にとっては記念碑的な演奏だ。

一九七五年、ブルックナーが生涯の大半をオルガニストとして過ごした「聖フローリアン修道院」でのライヴ録音である。大理石のホールによる残響豊かな響きが、このなだらかで美しい交響曲によく合う。

第一楽章の冒頭から、実に優しい大らかな弦の響きが聴こえてくる。音楽は慌てず騒がず、ゆったりとしたテンポに支えられて、まるで天に昇っていくかのように崇高に進んでいく。金管楽器の咆哮も、残響に包まれて、まるで天から降り注いでくるように聴こえるし、フルートが高原の小鳥の囀りのように涼し気に響きわたる。聴いていて、その清純な美しさに心が洗われていくようだ。徐々に音量を大きくして、最後が最強の合奏となって終わるフィナーレも、実に素晴らしい解釈だ。第二楽章も、じっくりと、心のこもった演奏が繰り広げられる。ここでも、音楽は天に向かって昇っていくように崇高で美しい。

いまから半世紀近く前のライヴ演奏であり、当時の大阪フィルの技術は必ずしも万全ではなかったのだが（第二・第三・第四楽章では少し息切れする箇所がある）、それを補って余りある、本当に美しい、心洗われる演奏だ。

CDは、二〇一六年にALTUSから出た、オリジナル・テープからのリマスタリング盤をぜひお勧めしたい。以前ビクターから出ていたCDよりもはるかに音の鮮度が上がり、細部まで聴きとることができるようになって、この演奏の素晴らしさをより一層実感できるからだ。

＊　＊　＊

朝比奈隆氏（一九〇八〜二〇〇一年）は、大阪フィルハーモニー交響楽団の常任指揮者・音楽総監督を半世紀以上も務めた巨匠で、特にベートーヴェンやブルックナーの演奏に定評があった。

㈡ブロムシュテット指揮／ドレスデン・シュターツカペレ②

次にお勧めしたいのが、ブロムシュテット指揮／ドレスデン・シュターツカペレの演奏だ。これは、ブロムシュテットの解釈を聴くよりも、ドレスデン・シュターツカペレの透徹した美しい響きを聴くべきCDだろう。ここでは、ブロムシュテットは特別な解釈はしておらず、音楽はただ淡々と流れていくだけのように感じられる（第一楽章のフィナーレは少々軽い感じがしないでもないが……）。しかし、真冬の北アルプスの山々を思わせる、シュターツカペレの透徹した清らかな響きが、ブルックナーの音楽の崇高さ、素晴らしさを知らずしらずのうちに浮彫りにしていく。

私は世界の有名オーケストラの中で、ドレスデン・シュターツカペレの音に最も惹かれるのである。それは、弦のいぶし銀のような柔らかな音であり、各楽器の柔らかくブレンドされた響きである。その独特の響きは、すべての楽器の音のピッチが完全に揃っていることも一因ではないか、と素人ながら感じている。音のピッチがきちんと揃うと、響きの隅々までを見渡せる視界の広さが感じられるようになり、全楽器が最強音を鳴らしても決して煩くならず、ほどよくブレンドされて清らかに響いてくる。その透徹した視界の広さこそ、ブルックナーの音楽に必要不可欠な要素だと思うのである。この美しい響きを堪能するために、できれば最近発売されたTOWER RECORDSのSACD盤で聴いていただきたい。

なお、シュターツカペレ盤で不満を感じていた第一楽章フィナーレは、最近入手したゲヴァントハウス管弦楽団のライヴ盤③（二〇〇六年のSACD／CD）や、ウィーン・フィルのライヴ盤④（二〇一七年）では多少なりとも解消されることになった。したがって、ブロムシュテットの代表盤としてこちら二つの盤を採ったほうがよいかとも考えたが、「透徹した美しい響き」という点では、私はシュターツカペレ盤を上にしたいと思う。ゲヴァントハウス盤とウィーン・フィル盤の録音はホールの長い残響を活かしたライヴ録音であるため、「透徹した響き」とは必ずしもいい難い点もあると思う。なお、ウィーン・フィル盤は同フィルの自主製作盤で入手が難しいと思われるが、もしネットなどで見つけたら、即買いだと思う。

＊　＊　＊

ブロムシュテット（一九二七年〜）は米国生まれのスウェーデン人の指揮者で、ＮＨＫ交響楽団の桂冠名誉指揮者を務めるなど、日本でもなじみ深い。現在九十歳代半ばで活躍している、最長老の現役指揮者である。

・ブルックナー「交響曲第７番」

①朝比奈隆指揮／大阪フィルハーモニー交響楽団（1975年　Altus　ALT 337）

②ブロムシュテット指揮／ドレスデン・シュターツカペレ（1980年　TOWER RECORDSのSACD/CD　TWSA119〜20又はDENON　COCQ-85405）

③ブロムシュテット指揮／ライプツィヒ・ゲヴァントハウス管弦楽団（2006年　QUERSTANDのSACD/CD　VKJK0708）

④ブロムシュテット指揮／ウィーン・フィルハーモニー管弦楽団（2017年　ウィーン・フィルの自主製作CD盤）

この世で最も美しい旋律とは

つまみ食いCD

チャイコフスキー「交響曲第六番（悲愴）」（第一楽章第二主題）〈メンゲルベルク、朝比奈隆、オフチニコフ、クルレンツィス、フリッチャイ〉

「この世で最も美しい旋律は?」と聞かれたら、私はチャイコスキー「交響曲第六番（悲愴）」のこの甘美な旋律（第一楽章第二主題）を挙げることにしたい。第一楽章の開始から5分ぐらいのところで静かに始まる旋律だ。彼岸の彼方から聴こえてくるような儚くも美しい旋律。人間が作りあげた旋律とはとても思えないほど美しい。私は「悲愴」のCDを聴く時、真っ先にこの部分から聴きはじめることが多い。

おそらく中学生の頃だったと思う、初めてメンゲルベルク／アムステルダム・コンセルトヘボウ管弦楽団の演奏①（丸数字は補足および本項末尾記載CD）で第一楽章第二主題（TOWER RECORDS盤の第2トラックから）を聴いた時、頭がハンマーで殴られたような強い衝撃を受けた。何という魅惑的で魔術的な表現！　強弱もテンポも徹底的にデフォルメされており、最初は強く抵抗を感じたが、何度か聴くにつれて、「この旋律は、このように徹底的に自由に料理したほうがよいのだ！」と納得するに至った。それ以来、どんなに世評の高い演奏であっても、この旋律をサラリと流す演奏には到底満足できず、「これは！」と思う演奏になかなか出会えない状況が長らく続いた。最後は無理を承知で「自分で演奏するしかない！」とまで思っていたところ、最近やっといくつかの「理想に近い」演奏に出会えることができたのだった。

(一)朝比奈隆指揮／新星日本交響楽団②（第一楽章・第三楽章）

今最も気に入っている演奏は、朝比奈隆氏と新星日本交響楽団による一九九二年のライヴ録音だ。今は無き新星日本交響楽団による凄まじい爆演の記録として、非常に貴重な録音。また、ベートーヴェンやブルックナーを得意とする朝比奈隆氏が、ロシア物ではこんなにもロマンチックな、まるで千両役者のような大仰な表現をすることが分かる記録でもある。私は、数ある朝比奈隆氏の名演のなかでも、特筆大書すべき演奏の一つだと考えている。

第一楽章第二主題（4分58秒辺りから）は、いかにも優しく嫋《たお》やかに歌われるが、テンポや強弱を細かく変化させているのには驚く。また、所々響くティンパニーも効いている。そして第一楽章の展開部分（10分8秒辺りから）は、インテンポを守りながら、沸々とエネルギーを増していき、特に13分54秒辺りからは壮絶な音の洪水となる。日本のオーケストラから、よくもこんな熱っぽい音を引き出せるものだ、と感心してしまう。

熱気溢れる第三楽章もじつに素晴らしい。最初は、「少し遅めのテンポの恰幅の良い演奏だな」と思っていたら、1分22秒辺りから始まるティンパニーの激しい連打にまずビックリ。このティンパニーに触発されたかのように、演奏はジワジワと熱気を増していく（5分45秒辺りに再度ティンパニーの強打が聴かれる。この優れたティンパニストは誰だろう?）。演奏は、インテンポを守りながらマグマが沸々と沸き立つように熱気を増していき（特に8分5秒辺りから）、最後はマグマが大爆発して強烈なフォルテシモで念を押すように締めくくられる。聴衆から思わず拍手が起こったのは、それだけ感動が激しかったからだろう。もし私が客席でこの演奏を聴いていたら、おそらく我を忘れるほど感動し、終演後は立てなくなってしまったのでは、と想像してしまう。

朝比奈隆氏には、手兵の大阪フィルハーモニー交響楽団による「悲愴」もあり、これもなかなか優れた演奏だと思うのだが、新星日響とのライヴほどの壮絶さは感じられなかった。

(二)オフチニコフ指揮／モスクワ放送交響楽団③（第一楽章・第四楽章）

朝比奈盤と並んで最も気に入っている演奏の一つは、オフチニコフ指揮／モスクワ放送交響楽団の演奏だ。第一楽章第二主題の美しい旋律（5分5秒辺りから）が、実に心ゆくまでゆったりと歌われる。どこまでも広がる広大な大地の景色が浮かんでくる。そう、これはロシア大地の壮大なロマンなのだ。一方、第一楽章展開部（10分51秒辺り）やフィナーレは、暴力的なまでに過激に響き、聴いていて恐ろしくなるほどだ。特にトロンボーンの絞り出すような咆哮は、まさに臓腑を抉《えぐ》られるかのようにズシリと響きわたる（14分44秒辺りから）。また、第四楽章のフィナーレ部分（9分28秒辺り）は、歌舞伎役者がヨヨ！　と泣き崩れるように大仰に歌われる。

これほどの名演ながら、国内盤（ビクター）は現在廃盤となっており、三枚組の外国盤を探さざるをえない状況である。音に関していえば、私の装置で聴く限り、国内盤は外国盤と比べて、音が少々痩せ気味に聴こえる気がする。

(三)クルレンツィス指揮／ムジカエテルナ④（第一楽章）

次に気に入っているのが、クルレンツィス指揮／ムジカエテルナの演奏。このコンビによる第一楽章第二主題の演奏（4分39秒辺り）も、初めて聴いた時とても衝撃を受けた。この弱音主体の演奏はまさに人工美の極致だ。テンポも強弱も、最も美しく響くように徹底的に研究されており、それを可能な限り再現しようとしている。指揮者のこのようなハードな要求に完璧に応じるオーケストラの高度な技量にも感服する。特に第一楽章展開部直前のクラリネットの最弱音（9分20秒辺り）は、ため息が出るほど美しい。また、展開部やフィナーレの壮絶な響きも見事だ。

私は、二〇一九年二月の同コンビの実演を渋谷のオーチャードホールで聴くことができた。これは私の音楽人生のなかでも、最も素晴らしいコンサートの一つだったと思う。CDで聴いた演奏が、まさに目の前で繰り広げられたのだ。しかも、オーケストラは全員立ったままで、この長大な交響曲を演奏しきったのである。そして、CDで感激したクラリネットの最弱音（第一楽章展開部前）は、本当に身震いするほど美しかった。

㈣フリッチャイ指揮／ベルリン放送交響楽団⑤（第一楽章・第四楽章）

さらに、フリッチャイ指揮／ベルリン放送交響楽団の演奏もぜひ紹介したい演奏だ。このコンビによる第一楽章第二主題（5分6秒辺り）は、一音一音ゆっくり噛みしめるように演奏される。何か後ろ髪を引かれるような、過去を振り返って詠嘆するような演奏。前二者と比べて、この演奏が最も真摯で切実な感情がこもっていると思う。この切迫した感情は第四楽章で最も発揮され、まさに涙なしでは聴けない楽章になっている。全体として切実で重苦しい演奏であるため、何回も繰り返して聴ける演奏ではないだろう。これは、彼が二度目の手術を経た後の録音であることが大きく影響しているのだろう。一九五九年の録音ながら、極めて鮮明な音で聴けるのが嬉しい。

この他にも、ミッコ・フランク指揮／スウェーデン放送交響楽団（第一楽章フィナーレで再現される第二主題の語尾を伸ばす詠嘆的な表現がじつに素晴らしい）や、上岡敏之／ヴッパータール交響楽団（二〇〇七年。同コンビによる東京公演での壮絶な表現は一生忘れられない！）など、素晴らしい演奏がある。

①メンゲルベルクは一九三七年のSP録音（テレフンケン）だが、TOWER RECORDS盤で聴くと、予想外に音が鮮明で、慣れれば鑑賞に差し支えないと思う。
②朝比奈隆は一九九二年のライヴ録音（TOBU RECORDINGS）。日本でのライヴ演奏ながら、なぜか外国盤の形で出ている。ライヴとしてはかなりよい水準の録音だと思うが、現場の熱気は録音で聴く以上のものだったと思われる（この熱量をすべて捉えるのは、現代の録音技術をもってしても難しいだろう）。今はなき新星日本交響楽団による壮絶な演奏の記録として非常に貴重な録音

だと思う。

③オフチニコフは一九八一年の録音（Venezia　ロシア盤）。オフチニコフは作曲家であり、指揮者としての録音はチャイコフスキーの交響曲など、限られているようだ。

④クルレンツィスは二〇一五年の録音（SONY）。クルレンツィス（一九七二年〜）はギリシャ出身で、主にロシアを中心に活躍している指揮者。モーツァルトの歌劇などの前衛的ともいえる衝撃的な演奏で一躍脚光を浴び、現在最も熱狂的なファンを持つクラシック音楽界のスター。ムジカエテルナは、クルレンツィスが小都市ペルミの国立歌劇場専属のオーケストラとして二〇〇四年に創設したもの。彼が実力者を呼び揃えただけあって、その演奏能力は極めて高い。

⑤フリッチャイは一九五九年の録音（ドイツ・グラモフォン）だが、実に鮮明で素晴らしい録音だ。フリッチャイの略歴については、第五章「抱腹絶倒の楽しさ」をご参照いただきたい。

・チャイコフスキー「交響曲第６番（悲愴）」

①メンゲルベルク指揮／アムステルダム・コンセルトヘボウ管弦楽団（1937年　TOWER RECORDS　WQCC-351/4）

②朝比奈隆指揮／新星日本交響楽団（1992年　TOBU RECORDINGS　TBRCD 0001-2）

③オフチニコフ指揮／モスクワ放送交響楽団（1981年　Venezia　CDVE 04414）

④クルレンツィス／ムジカエテルナ（2015年　SONY　8898 540 4352）

⑤フリッチャイ／ベルリン放送交響楽団（1959年　ドイツ・グラモフォン　POCG-1957）

管弦楽による官能的に美しい旋律

つまみ食いCD

リムスキー＝コルサコフ「シェエラザード」（第二・第三楽章）（エリシュカ、ゲルギエフ、フリッチャイ、ストコフスキー、ラハバリ、プレヴィン、スメターチェク、テルミカーノフ）

シェエラザードは、アラビアン・ナイトを題材にした、管弦楽による壮大な絵物語で、リムスキー＝コルサコフの管弦楽法の魅力が最大限に発揮された傑作である。特に、木管楽器群がニュアンスの限りを尽くして歌う第二楽章、弦が美しい旋律を朗々と歌い続ける第三楽章は、まさに官能的ともいえる美しさに溢れ、いつまでも聴いていたい、と思うほど魅力的だ。

この曲（特に第二楽章と第三楽章）は、私がモーツァルトの「ピアノ協奏曲第二十七番」や、チャイコフスキーの「悲愴」などと同じように、長年理想の演奏を追い求め続けてきた曲である。しかしながら、世評の高いCDを入手して聴いてみては、ガッカリすることの繰り返しが続き、なかなか「これは！」という演奏に出会うことができなかった。第二楽章は、木管楽器群が、「これこそ私の演奏だ。どうか聴いてくれ！」、と強く自己主張して欲しいし、第三楽章の美しい旋律は、テンポを落としてじっくり濃厚に歌って欲しい。これも最後は「自分で指揮するしかない！」と諦めていたところ、やっとかなり理想に近い演奏に巡り合うことができた。大好きな曲なので、どうしても紹介したいCDがたくさんになってしまうことをお許しいただきたい。

*丸数字は本項末尾記載CD

(一)エリシュカ指揮／札幌交響楽団①（第二・第三楽章）

今、私が最も気に入って聴いているシェエラザードの演奏は、二〇一七年に札幌コンサートホールで行なわれた、エリシュカのフェアウェル・コンサートのライヴ録音だ。全編ニュアンス豊かで瑞々しい歌に溢れており、これがライヴ演奏だとはとても信じられない。

コンサートマスターの田島高宏氏によるソロ・ヴァイオリンは、数ある名盤と聴き比べてみても、最も情感のこもった美しい演奏だと思う。そして第二楽章では、ファゴット、オーボエ、クラリネットなどがニュアンス豊かな表現を繰り広げる。

第三楽章は、ゆったりしたテンポで弦が瑞々しく歌う。札響の弦は、世界の有名オーケストラに比肩しうる美しさだと（勝手に）思っている。それは、ただ単に音が美しいだけでなく、実に情感のこもった（少々メローな）歌が聴けるからだ。これは、ドヴォルザークの交響曲第八番（「第でも指摘したことである。

この演奏に関し、オーケストラの技術云々をいう人もいるようだが、私は決してそのようには思わない。むしろ指揮者とオーケストラが一体となって、これだけニュアンス豊かな表現を行なっていることは、ライヴとしては奇跡に近い、とすら思う。

最近、この演奏がAltusからブルーレイディスクで発売されたので、早速視聴してみた。文字通り「最後のお別れのコンサート」の舞台裏を見ることができ、エリシュカと札響がまさに相思相愛の堅い絆で結ばれていることがよく理解できて、涙が止まらなかった。病身のエリシュカが「医師に逆らっても10月の公演には出席します。日本の皆さん札幌のみなさんにきちんとお別れをしたい」との強い意志で健康回復に励み実現したラスト・コンサート。そしてそのエリシュカの切実な思いに渾身の力で応える札響の団員たち。このような真の意味での信頼関係で指揮者と団員が結ばれていたからこそ、このような稀に見る名演が出現した、と確信した。指揮者とオーケストラの、一つの理想的な関係を示した記録として、ぜひ見ていただきたいと思う。

私は、エリシュカ／札幌交響楽団の実演を聴かなかったことを一生の後悔としているが、このブルーレイディスクで、エリシュカの入念な指揮振りと、それに真摯に応える札幌交響楽団の姿を見ることができて、本当に幸せだと思った。

㈡ゲルギエフ指揮／キーロフ歌劇場管弦楽団②（第二・第三楽章）

多彩でニュアンス豊かな表現とオーケストラの技術の高さから、一般的には最もお勧めできるCDだと思う。第二楽章のファゴット（45秒辺り）やオーボエ（1分31秒辺り）は、一聴すると何もしていないようでいて、細かいところで絶妙なニュアンスの変化を見せており、さすが名人揃い、と感心してしまう。オーボエに続く弦も颯爽としていて美しい（2分10秒辺り）。第三楽章も、弦がゆったりしたテンポで、密やかに心のこもった歌を歌う。そして4分1秒辺りから始まる中間部も美しさの限りだ。

㈢フリッチャイ指揮／ベルリン放送交響楽団③（第三楽章）

これは第三楽章を聴くべき演奏だろう。弦はゆったりしたテンポで切々と歌う。特に、主題の再現部（6分53秒辺り）で、弦がぐっとテンポを落として声を潜めて歌う箇所は、本当に素晴らしいと思う。所々テンポを落とし、過去を振り返るようなそぶりを見せるのは、彼が白血病から復帰した後の演奏（チャイコフスキーの「悲愴」など）とよく似ていて感慨深い。録音はモノラルながら、TOWER RECORDS盤で聴くと音が鮮明で、鑑賞にほとんど支障ないと思う。なお、フリッチャイの「悲愴」の素晴らしさについては、前項の「悲愴」でふれたので、ご参照いただきたい。

㈣ストコフスキー指揮／ロイヤル・フィルハーモニー管弦楽団④（第三楽章）

これも第三楽章を聴くべき演奏。老ストコフスキー（録音当時九十二歳）の心境を反映してなのか、弦は常にディミニュエンドを志向し、ゆっくりと密やかに奏でられる（冒頭もそうだが、特に6分8秒辺りからも見事）。そして、クラリネット（1分21秒辺り）とフルート（2分55秒辺り）が驚くべきニュアンスの豊かさを披露する。この箇所を聴くといつもゾクゾクしてしまう。

ストコフスキーはこのシェエラザードを十八番にしており、合計五回スタジオ録音したとのことだが、この最後の録音は一番力が抜けており、より自由で多彩な表現になっていると思う。

㈤ラハバリ指揮／チェコ・フィルハーモニー管弦楽団⑤（第二・第三楽章）

ヨゼフ・スークのヴァイオリン独奏の気品に満ちた美しさは、同曲の最高の演奏の一つに挙げられるだろう。そして、特に第三楽章のゆったりしたテンポで密やかに歌う弦の美しさ！　全体として安定感抜群の演奏で、もう少し冒険してもよいのでは、と思いながらも、チェコ・フィルの音の美しさに恍惚として聴き惚れてしまう。私は、このチェコ・フィルのまろやかにブレンドされた音が大好きだ。

㈥プレヴィン指揮／ウィーン・フィルハーモニー管弦楽団⑥（第二・第三楽章）

これは、指揮者プレヴィンの表現を聴くよりも、ウィーン・フィルの類いまれな音の美しさを堪能するCDだと思う。第二楽章の木管楽器群の独奏、そして第三楽章の弦楽器の演奏は、まさにウィーン・フィルならではの、この上なく上品で美しい音を聴くことができる。もっとコッテリした演奏を期待したいところだが、結局はこの上品な美しさに参ってしまう。

プレヴィンは、ジャズも演奏するクラシック界の異端児的存在だが、私見では、ウィーン・フィルを最も美しく響かせた指揮者の一人ではないか、と思う。彼は、自分の表現を押し付けるのではなく、ウィーン・フィルの類いまれな潜在能力を最も自然な形で引き出す術に長けた人だったのだと思う（プレヴィンとウィーン・フィルとの幸福な関係については、第二章「最も美しくウィーン・フィルを鳴らした指揮者の一人」でふれたので、ご参照いただきたい）。

(七)スメターチェク／プラハ放送交響楽団⑦（第二・第三楽章）

このCDでは、第二楽章・第三楽章のゆったりとしたテンポと歌が素晴らしい。特に第三楽章は、かなり遅いテンポ設定で実に朗々と歌っているのだ。これでこそ第三楽章は活きる。オーケストラの技術も一流で、本当に安心して聴くことができる演奏だ。

これまでPRAGAというマイナー・レーベルで手に入り難いCDだったが、最近Altusで、素晴らしい音で復活したのは望外の喜びだ。

(八)テルミカーノフ指揮／ニューヨーク・フィルハーモニック⑧（第二・第三楽章）

スメターチェクで打ち止めと考えていたら、また素晴らしい演奏に出会ってしまった。テルミカーノフとニューヨーク・フィルによる演奏である。第二楽章の木管楽器群の豊かで瑞々しい歌、第三楽章のゆったりしたテンポによる濃厚な歌など、やはりはずすわけにはいかないと思った。テルミカーノフには、手兵サンクトペテルブルク・フィルハーモニー交響楽団によるCD（二〇一一年）もあり、ニューヨーク・フィルの演奏より自由で積極的な表現が散見されると感じたが、signamという外国盤で入手が難しいと思われるので、ここではニューヨーク・フィル盤を挙げることにした。

・リムスキー＝コルサコフ「シェエラザード」

①エシュリカ指揮／札幌交響楽団（2017年　CD: Pastier DQC 1619　Blu-ray Disc: Altus　ALTBD001）

②ゲルギエフ指揮／キーロフ歌劇場管弦楽団（2001年 PHILIPS　UCCP-1060）

③フリッチャイ指揮／ベルリン放送交響楽団（1956年 TOWER RECORDS　PROC-1275）

④ストコフスキー指揮／ロイヤル・フィルハーモニー管弦楽団（1975年 BMG BVCC-38009）

⑤ラハバリ指揮／チェコ・フィルハーモニー管弦楽団（1988年 SUPRAPHON CO-3809）

⑥プレヴィン指揮／ウィーン・フィルハーモニー管弦楽団（1981年 PHILIPS PHCP-10531）

⑦スメターチェク指揮／プラハ放送交響楽団（1975年 Altus ALT489）

⑧テルミカーノフ指揮／ニューヨーク・フィルハーモニック（1991年 BMG BVCC-624）

瑞々しい青春の歌

つまみ食いCD

ブラームス「ドイツ・レクイエム」（第四曲）（第六曲）〔プレヴィン指揮／ロイヤル・フィルハーモニー管弦楽団 他、レヴァイン指揮／シカゴ交響楽団 他、バレンボイム指揮／ロンドン・フィルハーモニー管弦楽団 他、クレオベリー指揮／ケンブリッジ・キングズ・カレッジ合唱団 他（ピアノ二台版）〕

宗教曲で最も好きな曲といえば、フォーレのレクイエムかブラームスのドイツ・レクイエムを挙げることになるだろう。バッハのマタイ受難曲は人類の宝ともいうべき偉大な曲なのだが、あまりにも重厚過ぎると感じられるし、モーツァルトのレクイエムは未完成でしかも暗過ぎると感じる。その点、フォーレは、透明度の高い至純で美しい曲だし、ブラームスは、瑞々しい感性が随所に感じられる、彼の青春の歌だと思う。

レクイエムは、死者の安息を神に祈る典礼音楽であるため、概して重々しく、厳かに演奏されるケースが多い。このドイツ・レイクエムも例外ではなく、名盤といわれるカラヤンやクレンペラーなどのCDは、概してテンポが遅くて重々しい演奏なので、第一曲か第二曲あたりでギブアップしてしまうことになりかねない。私はこの曲を聴き始めた頃、この曲のよさがなかなか理解できず、よく途中で聴くのを止めてしまったものだった。

この曲は、ブラームスが二十代半ばから書きはじめ、三十代半ばに完成させたものであり、曲によっては、彼の若々しい感性が感じられる曲だと思う。したがって、全体としてもっと若々しく、時には熱く歌って演奏されてもよいのでは、と素人ながら思う。特に第四曲は、天使たちが歌うような、この世のものとは思えない美しい曲である。

私は長年この曲の理想の演奏を探し求めてきて、なかなか出会うことができなかった。今、理想にかなり近いと思う演奏は、プレヴィンの旧盤（ロイヤル・フィル他）、レヴァインの旧盤（シカゴ響他）、バレンボイムの旧盤（ロンドン・フィル他）の三つである。

プレヴィンの旧盤（ロイヤル・フィル）①（丸数字は本項末尾記載CD）の演奏は、壮麗な中にも、随所に瑞々しい歌が感じられる演奏で、特に第四曲の美しさは筆舌に尽くし難いほどだ。

このCDで特筆すべきは、合唱団の心のこもった歌唱だろう。プレヴィンの指揮に合唱団全員が見事に感化されて、どの曲もまさに感激しながら歌っている。特に第四曲は、合唱団が「こんな美しい曲を歌えるとは、私たちは何と幸せなのだろう！」と感じながら歌っているのがよく分かる演奏だ。また、第六曲の後半（3分43秒辺りから）では、特にテノールやバリトンが感激のあまり、少々上ずった歌唱を聴せる箇所があるが、これは彼らの感情の高ぶりを素直に表現したものであり、むしろ微笑ましいとすら感じる。プレヴィンは、ウィーン・フィルとの演奏（ハイドンの「交響曲九十二番」や「シェエラザード」）で述べたように、演奏者を上手く乗せて、彼らの能力を最大限引き出すことが実に上手い指揮者だと思う。

プレヴィンには、ロンドン交響楽団とのライヴ録音（二〇〇〇年）もあるが、感銘度はロイヤル・フィルの演奏のほうが上だと感じている。

レヴァインの旧盤②は、彼が四十歳の時の録音。全体的に早めのテンポでよく歌っており、まさに「ブラームスの青春の歌」に相応しい演奏だ。特に第一曲と第二曲は、曲の美しさを瑞々しく歌い上げており、他の指揮者で感じる重々しさは皆無。この二つの曲に関しては、レヴァインが一番素晴らしいと思う。ドイツ・レクイエムを初めて聴かれる方は、ぜひこのレヴァインの演奏を聴いていただきたい。そうすれば、第一曲や第二曲でギブアップすることはないと思う。

また、レヴァインの旧盤では、第四曲もよく歌っていて素晴らしいが、何といってもキャスリーン・バトルが歌う第五曲がことのほか美しい。彼女の透明で可憐な歌声を聴くと、それだけで幸せな気分となってしまう（私は、シカゴ駐在時代に、キャスリーン・バトルのリサイタルを聴いて感銘を受けた記憶がある。煩《うる》さ型の知人は、「彼女のヴォルフは本当のヴォルフではない！」と怒っていたが、私にとっては、彼女の可憐で甘美な歌声を聴ければ、何でも許してしまう）。レヴァインの旧盤で唯一惜しいと思われるのは、合唱団の実力が、プレヴィン盤や後述のバレンボイム盤と比べると、少しばかり落ちると感じられることだ。

バレンボイムの旧盤③は、彼がまだ二十九歳の時にドイツ・グラモフォンへのデビュー盤として録音したもので、しかも独唱者はマティスとフィッシャー＝ディースカウという超豪華な顔ぶれである。もちろん独唱陣は素晴らしいが、私が感心するのは、大勢の合唱団、オーケストラ、そして世界的な独唱陣をとりまとめ、彼の目指す音楽を作り上げてしまった、若きバレンボイムの卓越した才能だ。まさに彼がやりたいことをすべてやり尽くした感じさえ受ける。第一曲や第二曲は遅めのテンポながら、精妙で繊細な響きにより、決して重々しくなっていないところが素晴らしい。そして、特に、第四曲はこの上なく美しく歌いながら、後半は合唱団の熱い高揚感が感じられる。この熱い高揚感は、第二曲後半（10分51秒辺りから）、第三曲後半（6分7秒辺りから）、第六曲の後半（3分36秒辺りから）でも聴くことができる。第六曲に関しては、この若きバレンボイムの才気煥発な大熱演を第一に推したいと思う。特に、最後のコーダを「これでもか！」と長く引き延ばす指揮ぶりは、「まさにその通り！」と叫びたくなるほどの素晴らしさだ。

私はシカゴ駐在の時に、バレンボイム／シカゴ交響楽団の演奏を何度も聴く機会をえたが、概して重々しい演奏が多く、正直あまり感心しなかった。したがって私の中で、このドイツ・レクイエムの旧盤が、バレンボイムの指揮者としての最高の演奏の一つではないか、とすら考えている。長らくこのCDが廃盤の憂き目にあっていたのは、まさに信じがたいほどだ。

ドイツ・レクイエムはこの三枚があれば十分、と思っていたところ、最近とんでもなく美しい演奏に出会うことができた。これは、二台のピアノによる伴奏と青少年聖歌隊による歌唱という、とても珍しい演奏である。しかしながら、そのあまりにも清楚な美しさに驚愕してしまい、最近はこの演奏を真っ先に聴くことにしている。

ピアノ二台の伴奏版は、作曲者自身が編曲したもので、英国のヴィクトリア女王の前で初演されたため、「ロンドン版」とも呼ばれている。伴奏がピアノ二台だけとなるため、オーケストラ伴奏で感じた重厚さがなくなり、合唱の旋律がより鮮明に聴こえるようになるのだ。その結果、この曲が本来持っている、若々しい抒情性がよりハッキリと聴きとれるようになるのだと思う。

クレオベリー／キングズ・カレッジ合唱団の演奏④は、第一曲の冒頭から、清楚で透明な合唱に心を奪われてしまう。まるで、フォーレのレクイエムを聴いているような崇高な美しさである。「ドイツの重々しい曲」と思われていたこの曲から、フォーレを連想するとは思いもしなかった。

そして、第一曲の冒頭から、ブラームスの「青春の歌」を感じられた演奏は、私はこの演奏が初めてだった。

この演奏の白眉は、やはり第四曲だろう。透明で清楚で、しかも抒情性溢れる歌！　少年たちによるソプラノも美しさの限りだが、私が感心するのは、テノール・パートだ。少人数で歌っていると思われるが、曲の美しさに心から感激しながら歌っている。まさに胸が締め付けられるような美しい演奏だ。このテノール・パートの感激ぶりは、第六曲の後半でも聴くことができる。

また、第五曲のグリットンのソプラノの独唱もじつに透明で、スーッと真っすぐに歌っており、この曲のソプラノで最も美しい歌唱の一つだと思う。

・ブラームス「ドイツ・レクイエム」

①プレヴィン指揮／プライス（ソプラノ）／レイミー（バリトン）／アンブロジアン・シンガーズ／ロイヤル・フィルハーモニー管弦楽団（1986年　WARNER CLASSICS 0190295453633）

②レヴァイン指揮／バトル（ソプラノ）／ハーゲゴール（バリトン）／シカゴ・シンフォニー・コーラス／シカゴ交響楽団（1983年　RCA 88697686042(4)）

③バレンボイム指揮／マティス（ソプラノ）／フィッシャー＝ディースカウ（バリトン）／エディンバラ音楽祭合唱団／ロンドン・フィルハーモニー管弦楽団（1972年　ドイツ・グラモフォン UCCG-6179）

④クレオベリー指揮／ケンブリッジ・キングズ・カレッジ合唱団（2006年　EMI 3 66948 2）

第七章

協奏曲の名演を求めて

名人たちによる豪華絢爛な音の饗宴

つまみ食いCD

モーツァルト「協奏交響曲 K297B（レヴィン版）」（第三楽章）〔ニコレ、ホリガー他／マリナー指揮／アカデミー室内管弦楽団〕

モーツァルトの音楽の美しさと愉悦感を堪能できる曲の一つとして、協奏交響曲K297Bを挙げたい。フルート、オーボエ、ホルン、ファゴットが共演する曲で、レヴィン盤で聴くと、その美しさ、楽しさを素直に楽しむことができる。実は、この曲はモーツァルトの自筆譜がないため、長らく偽作とされてきた。一九七〇年代に、レヴィンなどが統計学的な研究を行ない、「ソロ・パートはモーツァルトの真作、オーケストラ・パートは第三者の編曲」との結論に達し、またオーケストラ・パートを「本来モーツァルトが書いたであろう姿」に復元したのである（ローラ指揮／フランツ・リスト室内管弦楽団のCD解説書による）。したがって、この曲を「モーツァルトの美しさ、楽しさを堪能できる曲」とするのは、いささか勇気がいる。しかし、レヴィン盤で聴くと、本当に美しくて楽しい「まさにモーツァルトの曲だ！」と感じるのである。
CDは、ニコレ（フルート）、ホリガー（オーボエ）、バウマン（ホルン）、トゥーネマン（ファゴット）という当代随一の名人たちが妙技の限りを尽くすマリナー盤を挙げたい。この演奏は、レヴィン盤に基づく初めての録音とのこと。

忙しい方は、第三楽章だけでも聴いていただきたい。少し遅めのテンポに乗って、名人たちが実に華やかな演奏を繰り広げている。彼らの豪華絢爛たる音の饗宴を堪能しつつ、モーツァルトのウットリするような旋律美も味わうことができる。何と贅沢で幸せなことだろう。これは、指揮者マリナーの好サポートによるところも大きい、と思う。

レヴィン盤が本当のモーツァルトなのか、という疑問を抱きつつも、この美しい演奏を前にして、私は「これはモーツァルトの本物の曲であり、その理想の演奏である」と強く思わざるをえない。

モーツァルト「協奏交響曲」他
ニコレ（フルート）・ホリガー（オーボエ）他／マリナー指揮／アカデミー室内管弦楽団（1983年　PHILIPS　411 134-2）

個性的なベートーヴェン像

つまみ食いCD

ベートーヴェン「ピアノ協奏曲第四番」（第一楽章）
（杉谷昭子（ピアノ）他）～ゆったりしたテンポの堂々とした演奏
（フー・ツォン（ピアノ）他）～ショパンのような繊細な美しさ

ベートーヴェンの五曲のピアノ協奏曲の中で一番好きな曲は？　と聞かれたら、私は「第四番」と答えることにしている。

「第四番」は、「第五番（皇帝）」と比べて地味で目立たない存在ながら、とても滋味深く味わい深い曲だと思うからだ。

この曲では、内田光子（ピアノ）／ザンデルリンク（指揮）／アムステルダム・コンセルトヘボウ管弦楽団の演奏が素晴らしく、真っ先にお勧めすべき演奏となるはずなのだが（ピアノの音が、心洗われるかのように美しい！）、私が今一番気に入って聴いているのは、世評ではあまり話題に上らない二人のピアニストによる演奏だ。

まず、杉谷昭子さんの演奏は、オーケストラと正々堂々と渡り合った見事なものだ。繊細で美しい音を響かせる一方で、ここぞという時はしっかりした打鍵で底光りする音を響かせ、決してオーケストラの中に埋もれることがない。名前を伏せたら、とても日本人（それも女性）の演奏とは思えないだろう。

そしてこの演奏の成功の大きな要因は、遅いテンポ設定だと思う。第四番の第一楽章のピアノの独奏が始まった途端、ゆったりとしたテンポにびっくりさせられる（スコアを見ると、Allegro moderato となっている）。しかし、音楽が進むにつれ、その落ち着いたテンポによって、堂々とした音楽が展開されていくのに気付くだろう。そして、第二楽章の悠揚迫らぬテンポでのオーケストラの充実した響きも、見事というほかない。オスカンプという指揮者は無名といってよい人だが、大した実力者だと思う。これらのテンポ設定は、指揮者の指示なのか、杉谷さんの指示なのか、おそらく両者の意見が一致したからだと思う。

杉谷さんの第五番「皇帝」の第二楽章は、弦の演奏が始まった途端、その遅いテンポと深々した響きにハッと驚いてしまうが、実はこのテンポこそベートーヴェンが求めていたものではないか、と考え込んでしまった。この楽章に関する限り、同曲ベストのオーケストラ伴奏だと思う。

杉谷昭子さんのベートーヴェン・ピアノ協奏曲全集で現在入手可能なのは、BRILLIANT という廉価盤（外国盤）ぐらいしかないのは、何とも憤懣やるかたない思いがする。しかも音が少々不鮮明に感じられ、杉谷さんの真価を聴き取ることは難しいのでは、と思う。私は日本盤（ビクター盤）で聴くことにしており、右の感想もビクター盤によるものである。しかしながら、ビクター盤は現在廃盤扱いとなっており、本当に残念でならない（中古で見つけたら即買いだと思う）。ビクターが、将来より鮮明なリマスタリングで再CD化することを願ってやまない。

　また、カザルス・ホールでのリサイタルを収録したCD（Shoko SUGITANI in Live）の中のバッハ＝ブゾーニの「シャコンヌ」は、ライヴ演奏の圧倒的な高揚感を伝える貴重な記録だ。最初はゆっくり厳かに始まっていた演奏が、2分50秒あたりから徐々に熱を帯びてきて、最後は何かに取り憑かれたような神がかり的な演奏になっていく。もしこの演奏をホールで直接聴いたら、おそらく卒倒するほど感動しただろうと思う。

　そして、杉谷さんで忘れられないCDは、「珠玉のピアノ名曲選」という三枚のピアノ小品集だ。杉谷さんは、堂々としたバッハやベートーヴェンを弾く一方で、小品集では、聴く人の琴線にふれる、心からの歌を奏でる人だ。なかでも「珠玉の名曲選　カタリ・カタリ」という題名のCDに入っている「カタリ・カタリ」（彼女自身による編曲）や「春のささやき」は、「いつまでもその美しい演奏に浸っていたい！」と思うほど、歌心に溢れた素晴らしい演奏だ。まさに最高の癒し音楽になっていると思う。

一方、フー・ツォンによる第四番の第一楽章は、杉谷さんの演奏よりもさらに遅いテンポ設定に驚いてしまうが、聴き進むに従って、これこそ本来あるべきテンポなのではないか、とすら思ってしまう（前述のようにスコアではAllegro moderatoとなっている）。ピアノの音はどこまでも澄んで美しく、まるでショパンの協奏曲を聴いているかのようだ。これがベートーヴェンなのか、と疑問に思わないでもないが、本来地味な曲だけに、かえって曲想に合っている、と妙に納得してしまうほど強い説得力を持つ。オーケストラも優秀、そして録音もよいので、こちらのほうを第一に挙げてもよいかもしれない。また併録されているハイドンの協奏曲（フー・ツォンが指揮も兼ねる）は、ピアノもオーケストラもピチピチ飛び跳ねるような、実に溌剌とした演奏で、同曲のベスト演奏に挙げたい素晴らしさだ。

＊　＊　＊

杉谷昭子（一九四三〜二〇一九年）は、ドイツで学び（巨匠アラウに師事）、世界の著名オーケストラや、ベルリン・フィルのトップメンバーと共演するなど、日本を代表する本格派ピアニスト。このベートーヴェンのピアノ協奏曲全集や「カタリ・カタリ」などのピアノ小品集の他、ベートーヴェンのピアノ・ソナタ全集やブラームスのピアノ独奏曲全集などがある。

フー・ツォン（一九三四～二〇二〇年）は上海出身のピアニストで、一九五五年のショパン・コンクールで第三位に入り、ショパンとモーツァルトに定評のあるピアニストとして、主にヨーロッパ中心に活躍していた。

ベートーヴェン「ピアノ協奏曲第４番」他　杉谷昭子（ピアノ）／オスカンプ指揮／ベルリン交響楽団（1993～94年　ビクター　VICC-40231～3）

杉谷昭子「Shoko SUGITANI in Live」（1989年　FONTEC RECORDS　FOCD3271）

杉谷昭子「珠玉の名曲選 カタリ・カタリ」(1996年　Liberta POCE-1501）

◆　◆　◆

ベートーヴェン「ピアノ協奏曲第４番」他　フー・ツォン（ピアノ）／スヴォボダ指揮／シンフォニア・ヴァルソヴィア（録音年代不詳　Meridian CDE 84494）

清楚で心洗われるヴァイオリン

つまみ食いCD

ベートーヴェン「ヴァイオリン協奏曲」（第一・第二楽章）〔クレバース（ヴァイオリン）／ハイティンク（指揮）／ロイヤル・コンセルトヘボウ管弦楽団〕

幸福感に溢れた壮大な協奏曲で、聴いていて気持ちが大らかになってくる曲だ。ベートーヴェンが、「ハイリゲンシュタットの遺書」を書いた頃の絶望的な危機を克服して、「英雄」などの数々の名曲を書いた「傑作の森」の時期を代表する作品である。落ち込んだ時にこの曲を聴くと、「よーし、明日は頑張ってみよう！」と前向きな気持ちになれる。

名曲だけに名盤が目白押しであり、シェリング（ヴァイオリン）／イッシェルルスステット指揮、シュナイダーハン（ヴァイオリン）／フルトヴェングラー指揮、チョン・キョンファ（ヴァイオリン）／テンシュテット指揮など、枚挙にいとまがない。その中で、今一番私の心を捉えている演奏が、クレバース（ヴァイオリン）／ハイティンク指揮／ロイヤル・コンセルトヘボウ管弦楽団による演奏だ。

クレバースのヴァイオリンは、線が少し細いながら、背筋がピーンと伸びた、清楚で格調高い演奏だ。特に第二楽章でその特徴が際立ち、聴いていて心が洗われるような気がする。そして、この演奏の成功のかなりの部分は、ハイティンク指揮／ロイヤル・コンセルトヘボウ管弦楽団による充実した伴奏だろう。この伴奏の素晴らしさを言葉に表わすのはなかなか難しい。というのも、これといった際立った特徴がないからだ。コンセルトヘボウ管弦楽団の夕映えのようなほの暗い響き、そしてハイティンクのどっしり構えた重厚な指揮ぶり、それがいぶし銀の響きとなってベートーヴェンの音楽の偉大さや崇高さを心から堪能することができるのである。

忙しい方は、ベートーヴェンの協奏曲の第一楽章（そしてできれば第二楽章も）を聴いていただきたい。

クレバースのTOWER RECORDS盤には、ベートーヴェンの他に、ブラームスとモーツァルトの協奏曲が入っている。その中でブラームスの協奏曲では、クレバースは実に朗々と歌っており、時には激しい表情も見せているが、決して品位を失わないところが素晴らしいと思う。ハイティンク指揮のコンセルトヘボウ管弦楽団はベートーヴェンと同様充実した伴奏を行なっている。

実は、ハイティンク／コンセルトヘボウ管弦楽団のコンビは、一九七〇年代に一つの頂点を極めたのではないか、と勝手ながら感じている。このコンビによるブラームスの交響曲全集（一九七〇〜七五年）での、オーケストラの響きのなんと豊饒で重厚なこと！　その響きはコンセルトヘボウ管独特のほの暗さを秘めたもので、「これぞブラームス！」と喝采したくなる素晴らしい響きだ。一方、とても意外なことに、「ビゼーの交響曲第一番」（一九七七年録音）といったフランスものでも素晴らしい演奏を披露しているから不思議だ。ビゼーの交響曲では、むしろ明るい溌剌とした響きを出しており、それがビゼーにピッタリだ。同曲のベスト演奏の一つに挙げたい、実に素晴らしい演奏だと思う。

ベートーヴェン「ヴァイオリン協奏曲」他　クレバース（ヴァイオリン）／ハイティンク指揮／ロイヤル・コンセルトヘボウ管弦楽団（1973〜75年 TOWER RECORDS　PROC-1632/3）

＊　＊　＊

ヘルマン・クレバース（一九二三〜二〇一八年）は、オランダのヴァイオリニストで、名門ロイヤル・コンセルトヘボウ管弦楽団のコンサートマスターを十八年間も務めた人。またアムステルダム国立高等音楽院で後進の指導にもあたり、フランク・ペーター・ツィンマーマンや、我が国の天満敦子など多くのヴァイオリニストたちを輩出した。

ヴァイオリンの圧倒的存在感

つまみ食いCD

メンデルスゾーン「ヴァイオリン協奏曲」（全楽章）（オイストラフ（ヴァイオリン）／オーマンディ（指揮）／フィラデルフィア管弦楽団）

冒頭の美しい旋律からすぐに引き込まれて聴き惚れてしまう名曲中の名曲。したがって名盤も目白押しで、どれを選んだらよいか迷ってしまうのだが、私はあえてオイストラフ／オーマンディのモノラル盤を第一に選びたい。それは、オイストラフのヴァイオリンがまさに圧倒的な存在感を放っているからだ。オイストラフ盤は、村上春樹氏が『古くて素敵なクラシック・レコードたち』（二〇二一年　文藝春秋）で、「オイストラフのヴァイオリンはまさに「美声」と呼びたくなるくらい朗々とした美しいもの」と書かれている。購入して聴いたところ、とても素晴らしい演奏だと感じたので、ここに採り上げた。

私は、スターン、チョン・キョンファ、諏訪内晶子、五嶋みどりなどの錚々たる名ヴァイオリニストたちの演奏を聴き比べてみたのだが、冒頭の名旋律が、どうしても細くなり、オーケストラに隠れがちになるケースが多い。この部分は、楽譜では確かにP（ピアノ）の指示となっており、その条件の中でヴァイオリンの音をオーケストラの中から浮かび上がらせることは技術的に非常に難しいのだろう、と素人ながら思う。しかしながら、オイストラフは、実に朗々とした音で鳴らしており、オーケストラに決して負けていない。その後の速いパッセージの見事なこと、そして展開部では美しい音で朗々と歌っている。第二楽章も、本当によく歌っていて美しい限りだ。ヴァイオリンがこんなにも全面に出て存在感を見せつける演奏はなかなかないのでは、と思う。

オイストラフは、その後ステレオで、ベートーヴェンやブラームスなどの協奏曲を録音しており、世評は非常に高いのだが、私は「あまりにも美麗に過ぎる」と感じて好きになれない。むしろ、一九五〇年代のソ連邦によるいわゆる「文化攻勢」のなかで、鉄のカーテンの後ろから颯爽と現われた、怖いもの知らずの四十代の頃の演奏のほうが好きだ。実際、オイストラフはその時期、ブラームスの協奏曲（コンヴィチュニー指揮）でも素晴らしい演奏を行なっており、その演奏については、次項のブラームスの協奏曲でふれたので、ご参照いただきたい。

さて、メンデルスゾーンの協奏曲では、シュナイダーハンの旧盤（フリッチャイ指揮　一九五六年）

も、スッキリした中に情緒が溢れていて、メンデルスゾーンの旋律美をごく自然に味わうことができる演奏だと思う。モノラル録音ながら音もまずまず鮮明だが、これまで市販されていたCD（グラモフォン盤）は、私の装置では高音がきつく音が固めに感じられたところ、最近出たTOWER RECORDS盤はそのマイナス面がかなり改善されている。なお、シュナイダーハンのブラームスのソナタの演奏の素晴らしさについては、第八章「優しく豊かに、そして時に情熱的に歌うヴァイオリン」でもふれたので、ご参照いただきたい。

＊　　＊　　＊

ダヴィッド・オイストラフ（一九〇八〜七四年）は、ウクライナのオデッサ生まれ、一九五〇年

メンデルスゾーン「ヴァイオリン協奏曲」他　オイストラフ（ヴァイオリン）／オーマンディ（指揮）／フィラデルフィア管弦楽団（1955年　NAXOS 8.111246）

メンデルスゾーン「ヴァイオリン協奏曲」他　シュナイダーハン（ヴァイオリン）／フリッチャイ（指揮）／ベルリン放送交響楽団（1956〜58年　TOWER RECORDS　PROC-1303）

代にソ連邦より西側に出て、国際的な評価を確立したヴァイオリニストである。

シュナイダーハン（一九一五〜二〇〇二年）はウィーン生まれのヴァイオリニスト。若干二十二歳でウィーン・フィルのコンサートマスターに就任した神童で、退団後は室内楽やソリストとして活躍した人である。

青年ヴァイオリニストの抒情性

つまみ食いCD

ブラームス「ヴァイオリン協奏曲」（第一楽章・第二楽章）（ヘルシャー（ヴァイオリン）／テンシュテット（指揮）／北ドイツ放送交響楽団）

ヴァイオリン協奏曲の名曲としてははずせないのがブラームスの協奏曲だ。幸福感に満ちた交響曲第二番を作曲した翌年の作品であり、ブラームス特有の豊かな抒情性とシンフォニックな響きが見事に結実した傑作である。

これも名曲中の名曲だけあって、古くからヌヴー（複数の録音がある）、デ・ヴィート（ケンペン盤やフルトヴェングラー盤など）、シェリング（モントゥー盤、ドラティ盤、ハイティンク盤など）、ムター（カラヤン盤とマズア盤）など、名盤が目白押しである。その中で、私は長らくオイストラフ／コンヴィチュニー盤（一九五四年）を愛聴してきた。四十代半ばのオイストラフが発するヴァイオリンの音が信じられないほど豊饒で、それがブラームスの抒情性によくマッチしていると感じたからだ。コンヴィチュニー指揮／シュターツカペレ・ドレスデンの伴奏もドイツ流の堅固で重厚な演奏である。

しかし最近、ヘルシャーのCDを聴くに及んで、今最も愛聴しているのがヘルシャー盤となってしまった。ヘルシャーの演奏は、村上春樹氏が『古くて素敵なクラシック・レコードたち』で「こういうべたつかないブラームスもなかなかいいですね」と書かれており、購入して聴いたところ、なるほど素晴らしい演奏だと感じた。

ヘルシャーは日本ではほぼ無名といえるドイツ人ヴァイオリニストだが、録音当時三十代後半の、まさに青年が自身の抒情性を最大限に発揮した、「優しい歌」に満ち溢れた演奏だ。なんと優しく慈愛に満ちたヴァイオリンだろう。ブラームスの協奏曲を聴いていて、こんな幸せな気分になれるのも珍しいと思う。そして、何にも増して素晴らしいのが、テンシュテット／北ドイツ放送交響楽団による伴奏だ。これだけ立体的で充実した響きで、しかもヴァイオリンと同様に優しい歌に満ち溢れた伴奏も珍しいと思う。ブラームスの協奏曲の伴奏で、私が最も好きな演奏が、このテンシュテットによるものだ。さらに特筆すべきは、第二楽章冒頭のオーボエ独奏の見事さだ。ゆったりしたテンポで朗々と歌うオーボエに、心から聴き惚れてしまう。音質が特に飛び抜けて美しいわけでもないのに、なぜか人の心をグッと引き付ける「歌」がある。このオーボエの独奏が、第二楽章全体を瞬時に決定付けてしまう、凄い力を持っている（このオーボエは、第一楽章の最初のほうから、至るところで見事な演奏を披露している）。

ヘルシャーには、この他に、ブルッフの「ヴァイオリン協奏曲第一番」やサン＝サーンスの「ヴァイオリン協奏曲第三番」、「ハバネラ」、「序奏とロンド・カプリツィオーソ」などの名演がある。ブルッフも、ブラームスと同様優しい抒情性に満ち溢れていながら、決めるところはバシッと決めた演奏。そして、サン＝サーンスの各曲では、ジプシー風の、荒々しくも颯爽とした演奏がとても魅力的だ。まさに、恐れを知らない若武者が自分のやりたいことをとことんやり尽くしている、との印象を受ける。彼はこんな技巧的な曲も軽々とできてしまう。さらに、伴奏のデルヴォー／ニュー・フィルハーモニア管弦楽団の伴奏も素晴らしい。まるでフランスのオーケストラの

ブラームス「ヴァイオリン協奏曲」、ブルッフ「ヴァイオリン協奏曲第１番」ヘルシャー（ヴァイオリン）／テンシュテット（指揮）／北ドイツ放送交響楽団 他（1979〜82年　EMI TOCE-4104）

サン＝サーンス「ヴァイオリン協奏曲第３番」「ハバネラ」「序奏とロンド・カプリツィオーソ」他　ヘルシャー（ヴァイオリン）／デルヴォー（指揮）／ニュー・フィルハーモニア管弦楽団（1977年　WARNER CLASSICS　WPCS-50817/8）

ように原色そのままの、華やかで情熱的な演奏を繰り広げていて見事だ。

ドイツの名ヴァイオリニスト、ウルフ・ヘルシャー（一九四二年〜）のCDがほとんど廃盤の憂き目にあっているのは残念でならない。中古で見つけたら、即買いだと思う。

第八章

素晴らしきソリストたち

高貴な抒情性に溢れたチェロ

つまみ食いCD

シューベルト「アルペジオーネ・ソナタ」〈ジャンドロン（チェロ）／フランセ（ピアノ）〉

歌曲王シューベルトには、ピアノ五重奏曲「鱒」、弦楽四重奏曲「死と乙女」、弦楽五重奏曲など魅力的な室内楽曲がある。その中で私が最も好きな曲は、アルペジオーネ・ソナタだ。シューベルトらしい叙情的な歌に溢れた曲だからだ。

この曲は、アルペジオーネというチェロに似た楽器のために書かれたソナタである。アルペジオーネは、十九世紀初頭の時期にしか演奏されなかった六弦の弦楽器で、チェロよりも音域が広い。したがって、この曲をチェロで演奏する時は、チェロ用に編曲されたものを用いる必要があるとのことだ。

名曲なだけに、フルニエやロストロポーヴィチなどのチェロの名手たちの名演が目白押しであるが、私が一番好きな演奏は、モーリス・ジャンドロン（チェロ）とジャン・フランセ（ピアノ）による演奏である。ジャンドロンの演奏が高貴な抒情性に溢れており、シューベルトの旋律の美しさを素直にしみじみと堪能させてくれるからだ。どこまでがジャンドロンでどこまでがシューベルトか分からない、まさに演奏家と作曲家が一体となった稀有な演奏だと思う。また、フランセのピアノも、ニュアンスに富んだ歯切れのよい演奏で素晴らしい。忙しい方は第一楽章だけでも……といいたいところだが、すべての楽章が素晴らしく美しいので、全楽章を聴いていただきたい。第一楽章の美しい演奏を聴き始めたら、結局三楽章全部を聴いてしまうことになるだろう。

アルペジオーネ・ソナタは、ジャンドロンのCD一枚で十分、と考えていたところ、最近非常に心惹かれるCDに出会った。ヴァルガ（チェロ）／ボーグナー（ピアノ）による演奏だ。このCDは、シューベルトの曲の美しさを楽しむというよりも、ヴァルガの表現力の大きさ、多彩さ、を堪能するCDだと思う。なんと優しくて慈愛に満ちたチェロの音だろう。そして彼の表現の幅は非常に大きく、強弱・緩急・ニュアンスが多彩に変化する。アルペジオーネ・ソナタがこんなにも立派で多彩な面を持つ曲だとは、彼の演奏を聴いて初めて知った思いがする。

＊　＊　＊

モーリス・ジャンドロン（一九二〇〜九〇年）はフランスのチェリストで、カザルスの高弟としても名高い。またパリ音楽院のチェロ科主任教授として、後進の育成にも尽力した。

・シューベルト「アルペジオーネ・ソナタ」

「アルペジオーネ・ソナタ&チェロ名曲集」ジャンドロン（チェロ）／フランセ（ピアノ）他（1960〜66年　PHILIPS UCCP-9568）

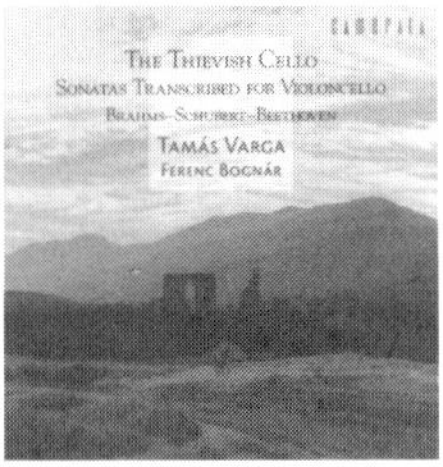

ブラームス「雨の歌　チェロのためのソナタ名曲集」ヴァルガ（チェロ）／ボーグナー（ピアノ）（2010年　カメラータ・トウキョウ　CMCD-28233）

天上の美しいピアノの響き

つまみ食いCD

シューベルト「即興曲　作品一四二」（第三番）（ピリス（ピアノ））

ピアノ曲で最も好きな曲はと聞かれたら、シューベルトの即興曲作品一四二の第三番を挙げたい。穏やかで美しい主題（ロザムンデの間奏曲の旋律）とその五つの変奏曲からなる曲だが、なんといってもマリア・ジョアン・ピリスの天上から奏でられるように美しいピアノ演奏があるからだ。

冒頭の、静かで穏やかな旋律から、すぐに彼女の清明な世界に引き込まれる。彼女の肩や腕は完全に脱力し、その指先からは、心洗われる無垢で清らかな響きが紡ぎ出される。どうか、気持ちを楽にして、彼女が奏でる清らかな音に浸っていただきたい。

またこの曲では、ケイティンの演奏も素晴らしいと思う。自然によく歌った演奏で、その素晴らしさがじわじわと心に沁みこんでくるような演奏だ。ケイティンは一八三二年製のピアノ（Clementi square piano）を使用しており、その素朴な響きも味わい深い。

この曲では、「百人に一人のリリシスト」といわれたルプーの演奏も気になるところだ。確かに弱音部分などは惚れぼれするような美しい響きを出していて素晴らしいと思うのだが、曲によっては男性的な逞しさを感じてしまい、私は残念ながらあまり好きになれなかった。

＊　＊　＊

マリア・ジョアン・ピリス（一九四四年〜）はポルトガル出身のピアニストで、一九七〇年のベートーヴェン生誕二百年記念コンクールで優勝して以来、国際的に活躍してきた人。また、多くのマスタークラスやテレビ番組などで後進の指導にあたっている。二〇一八年からの引退を表明したのは実に残念なことだ。

ケイティンについては、次項の「敬愛するピアニストたち」でふれたので、ご参照いただきたい。

シューベルト「即興曲集」ピリス（ピアノ）（1996〜97年　ドイツ・グラモフォン　UCCG-70088）

シューベルト「即興曲集」ケイティン（ピアノ）（1993年　ATHENE　ATH CD5）

敬愛するピアニストたち――ショパンのノクターンを中心に

つまみ食いCD

ボシュニアコーヴィチ、楊麗貞、フライシャー、ケイティン、ホルショフスキ、吉武雅子

ここでは、私が日頃敬愛してやまないピアニストたちをご紹介したい。すでに遠山慶子さんは第六章「名画を思い浮かべながら聴くモーツァルト」と「モーツァルトの「白鳥の歌」」で、杉谷昭子さんは第七章「個性的なベートーヴェン像」でそれぞれ採り上げたので、ここではそれ以外のピアニストたちについて述べてみたい。これから語る人たちは、どちらかといえば地味な存在の人たちかもしれないが、それぞれが味わい深い、素晴らしいピアニストたちである。幸いにも、これらの人たちが皆、ショパンの「ノクターン」、特に心に沁みるように美しい作品27―2、48―1、55―2、62―1などを録音しているので、これらの曲を中心に、ピアニストたちを紹介していきたいと思う。

(一)オレグ・ボシュニアコーヴィチ――豊饒な音

ボシュニアコーヴィチのショパンを聴くと、その豊饒な音に圧倒されてしまう。水際立った美しい音、そして繊細で抒情性豊かな表現力、ただただ唖然として聴き惚れてしまう。彼の「ショパン：夜想曲集」（CD①、丸数字は本項末尾記載CD）の中に入っている「ノクターン」27―2の濃密な歌いまわしや、48―1における三連符の圧倒的な迫力（3分過ぎ辺りから徐々に開始）、そして62―1における夢見るように美しい右手のトリル（4分18秒辺りから）などは、彼の演奏を聴いてしまうと、他の演奏がなかなか聴けなくなってしまうほどだ。また、彼の「ショパン―2」（CD②）に入っている「舟歌」は豊饒な歌そのものであり、まさに別格の美しさだ。

オレグ・ボシュニアコーヴィチ（一九二〇～二〇〇六年）はほとんどロシアの中だけで演奏活動を続けていたため、日本を含む西側ではほとんど知られていなかった人である（晩年に来日したとのことだが、話題になった記録はなさそうだ）。しかしながら、彼の一連の演奏が、日本のDENONから「ボシュニアコーヴィチの芸術」として発売され、彼の驚くべき実力が世に知られるようになったことは、嬉しい限りである。その中に、彼のショパンの二枚のCD①②が含まれている。

ただきたい。

㈡楊麗貞――歌心と秘められたパッション

日本にも、楊麗貞さんというベテランの素晴らしいショパン弾きがいることを、ぜひ知ってい

楊さんは、繊細なタッチによる美しい響きと、溢れ出る歌心によって、ショパンの音楽の美しさを心から堪能させてくれる稀有なピアニストの一人だと思う。その一方で、彼女には秘めたパッションがあり、それがここぞという時に熱く表出する。「祖国を思い続けたショパンの音楽は、決してなよなよしたものではない」ということが、彼女の演奏からよく分かるのである。楊さんの一連のショパンの録音を聴いて、「日本にはこれだけ素晴らしいショパンを弾ける人がいる」と暫し感慨に耽ってしまった。

楊さんが最近録音したCD③に入っている「ノクターン」55―2と62―1は、自然な流れの中に清らかな歌心が溢れ出ていて、本当に美しい。また、同CD③の四つの「バラード」は、抒情的で美しい演奏の中に、熱いパッションの高揚が感じられて、本当に素晴らしいと思った。たとえば、「第一番」の第二主題（2分53秒辺りから開始）のこの上なく美しい旋律が徐々に熱を帯びて高揚していく様子は、まるでライヴ演奏を聴いているかのような臨場感を味わえる。

また、「舟歌」（二〇〇八年、CD④）の豊饒な歌も素晴らしい。前述のボシュニアコーヴィチ

を彷彿とさせる濃密な表現だ。なお、「ノクターン」55―2は一九九九年録音の演奏（ART UNION RECORDS、CD⑤）もあり、こちらのほうは、彼女の繊細なタッチをより明瞭に捉えているように思われる。

そして、このART UNION盤には、私が愛聴してやまない「ワルツ　ホ短調　遺作」と「アンダンテ・スピアナートと華麗なる大ポロネーズ」が入っている。「ワルツ　ホ短調　遺作」はピチピチと飛び跳ねるように弾かれており、また中間部では抒情的に歌っていて見事だ。また、「アンダンテ・スピアナート」の前半はしみじみとした詩情に満ちた歌が聴けるし、後半のポロネーズは小気味よい躍動感が素晴らしい。そして、何よりも音がキラキラ輝いていて本当に美しい。私は、「アンダンテ・スピアナート」に関しては、古今東西を通じて楊さんの演奏がベストを争う一枚ではないかと思っている。

㈢レオン・フライシャー――澄み切った心境

フライシャーの「ノクターン」27―2（CD⑥）は、ゆっくりしたテンポで、愛おしむように弾かれる。特に最後の部分は最弱音で弾かれ、その澄みきった至純な音に心が洗われる思いがする。同じCD⑥に入っているバッハの「羊は安らかに草を食み」、スカルラッティの「ソナタ」、ドビュッシーの「月の光」も同様の繊細なタッチによる、凛とした、実に美しい音で演奏されている。聴くほうも思わず背筋がスーッと伸びてしまうほどの美しさだ。何か悟りに達したような、澄みきった心境の人でしか出せない音だと思う。

彼のCDでは、この他にモーツァルトの「ピアノ協奏曲十二番」（CD⑦）が素晴らしい。これは彼が指揮しながらの演奏だが、オーケストラの明るく瑞々しい響きに、フライシャーの颯爽とした美しいピアノが交わって、モーツァルトの音楽の楽しさ・美しさを心ゆくまで堪能することができる。

レオン・フライシャー（一九二八〜二〇二〇年）は、ジョージ・セル指揮／クリーヴランド管弦楽団と一連の協奏曲を録音するなど、主に一九五〇年代〜六〇年代前半に活躍したピアニストである。しかしながら、一九六五年より右手の神経障害の病気に悩まされ、その後は左手のピアニストとしての演奏活動や教育活動に専念してきた人である。一九九〇年代後半になって右手機能が回復した結果、二〇〇四年に、まさに四十年ぶりに両手で録音したのが「Two Hands」と題されたCD⑥である。なお、この原稿を書いている間に、フライシャーさんの訃報に接した。心からご冥福をお祈りしたい。

四ピーター・ケイティン——清楚なショパン

ケイティンは、実に自然で清楚なショパンを奏でる。特にこれといった大きな特徴はないのだが、自然な流れの中で心洗われる美しい演奏が繰り広げられている。特にCD⑧における「ノクターン」27—2と62—1（美しいトレモロは4分58秒辺りから）が心に沁みる美しさだ。

彼のショパンでは、「舟歌」（CD⑨）のおっとりしたテンポによる抒情的で清らかな歌や、「アンダンテ・スピアナートと華麗なる大ポロネーズ」（CD⑩）の前半の心洗われる清楚な美しさと、後半の軽やかな華やかさの対比が素晴らしい。また、「ワルツ集」（CD⑪）も素直な美しい演奏で、曲の素晴らしさがスーッと心に入ってくる。ショパンのワルツ集のCDの中で、私が最も好きな演奏である（たとえば、64—1〈子犬のワルツ〉、69—1〈別れのワルツ〉、69—2、70—1、70—3など、しみじみした情感が素晴らしい）。なお、CDはLONDONのモノラル盤もあるが、私はもっぱらCD⑪のステレオ盤を聴いている。

さらに、前項のシューベルトの即興曲で採り上げた「即興曲作品一四二」の第三番も、自然なテンポの清らかで美しい演奏で、聴き終わった後、「実に良いシューベルトを聴いた」と感じられる演奏である。

ピーター・ケイティン（一九三〇～二〇一五年）はロンドン生まれのピアニストで、主にイギリスを中心に演奏活動と教育活動を行なった人。来日の機会がほとんどなかったため、日本ではあまり知られていない。彼の演奏は、OLYMPIAという英国のレーベルに多く録音されているが、現在レーベル自体が消滅したようであり、気長に中古で探すことになるだろう。

㈤ミエチスラフ・ホルショフスキ——変幻自在で幽玄なピアノ

ホルショフスキの「ノクターン」27—2は、TOWER RECORDS盤（CD⑫）と、来日時のライヴ録音盤（カザルス・ホールでのライヴ演奏、CD⑬）の二つで聴くことができる（ライヴ演奏のほうが、より高揚感を味わえる演奏となっている）。いずれの演奏も、テンポが微妙に動く変幻自在で幽玄な表現が特徴だ。完全に脱力した手から紡ぎだされる音は必ずしも明晰とはいい難く、「指が回っていなくて下手だ」と感じる人がいるかもしれない。しかし、音楽の表現は技術だけではないはずだ。聴き手の心に響く強いメッセージを持っているかどうか、が最も重要なことだと思う。

彼のバッハでは、カザルス・ホールのライヴ盤の冒頭にある「イギリス組曲第五番」が素晴らしいと思った。ここでも変幻自在な表現と瑞々しい歌により、優美で美しい、「味わい深い」バッハが奏でられている。

ミエチスラフ・ホルショフスキ（一八九二〜一九九三年）は、ポーランド出身のピアニストで、チェロのカザルスの共演者として活動、百歳近くまで現役のピアニストとして活動を続けた。初来日（一九八七年）はなんと九十五歳の時であり、前述のようにカザルス・ホールでの演奏はCD化されている。

㈥吉武雅子――類まれな歌心と情熱と

吉武雅子さんは、長らく天満敦子さんのヴァイオリンのピアノ伴奏を務め、また大学で後進の指導にあたられている、ピアニストとしては少々地味な存在かもしれない。しかしながら、彼女のソロ・アルバム「愛の夢／吉武雅子」（CD⑭）と「シャコンヌ／吉武雅子」（CD⑮）を聴いて、その素晴らしさに驚嘆した次第である。繊細で美しい歌心を持つ一方で、時には自由奔放で情熱的な表現も可能な人であり、その表現力の幅の広さが魅力的だ。自由な自己表現を行なう演奏家が少なくなってきている現在（これはコンクール隆盛の弊害もあると思う）、彼女の存在はとても貴重だと思う。「愛の夢／吉武雅子」（CD⑭）ではショパンのノクターン第二十番（遺作）を聴くことができる。一音一音噛みしめるように心からの歌を奏でており、哀しみの感情がヒシヒシと伝わってくる。そして最後は消え入るように終わる。本当に心が洗われるような美しい演奏だ。この演奏を聴くだけでも、彼女の非凡な才能を感じることができると思う。

そのノクターンと並んで特に印象深かったのは、リストの「愛の夢」と、ショパンの「アンダンテ・スピアナートと華麗なる大ポロネーズ」だ。「愛の夢」は、濃厚な歌に溢れた演奏。テンポを揺らし、強弱も大胆に付けている。そして、後半は一転してグッとテンポを落とし、静かに、しみじみと歌っている。そう、彼女は、本当に自分が感じている心からの歌を、この上なく美しく奏でることができる人である。正直いって、これまで聴いた「愛の夢」の中で、最も素晴らしい演奏だと思った。

そして、「アンダンテ・スピアナート」も、前半のしみじみとした美しい歌、後半の華やかによく歌った表現がどれも素晴らしく、楊麗貞さんの演奏に勝るとも劣らない素晴らしい演奏だと思う。「シャコンヌ／吉武雅子」（CD⑮）では、リストの「雪あらし」、シューマンの「献呈」、そしてバッハ／ブゾーニ編の「シャコンヌ」が特に印象に残った。「雪あらし」は超絶技巧の激しい曲想の中に、透明で瑞々しい響きを聴くことができるし、「献呈」では実に豊饒で大らかな、心からの歌を聴くことができる。また「シャコンヌ」は畏《かしこ》まったバッハではなく、まさに自身で感じたままの、実に壮麗で起伏の大きい「歌のドラマ」を聴くことができる。これまで聴いたピアノ編の「シャコンヌ」の中で、最も素晴らしい演奏の一つだと思う。

⑫ホルショフスキ・コレクション(1986〜91年 TOWER RECORDS WQCC-186/8)

⑬ホルショフスキー カザルス・ホール・ライヴ1987(1987年 BMG BVCC-34130〜31)

◆ ◆ ◆

⑭「愛の夢」吉武雅子(2008年 KING RECORDS KICC 707)

⑮「シャコンヌ／吉武雅子」(2014年 KING RECORDS KICC 1151)

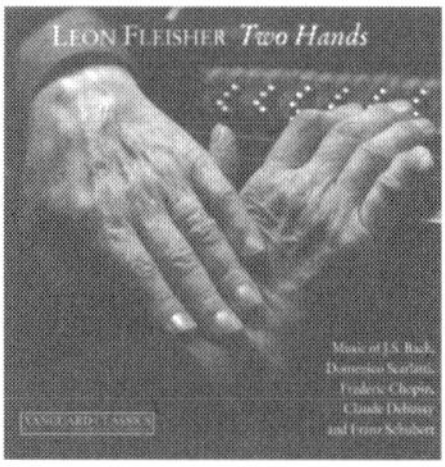

⑥「Two Hands」レオン・フライシャー(2004年 VANGUARD CLASSICS ATM CD 1551)

⑦モーツァルト「ピアノ協奏曲第12番」他 レオン・フライシャー(ピアノと指揮)(2008年録音 SONY 88697435052)

◆ ◆ ◆

⑧ショパン「ノクターンと即興曲」ピーター・ケイティン(1989年 OLYMPIA OCD 254)

⑨「ショパン第1集」ピーター・ケイティン(1987年 OLYMPIA OCD 186)

⑩「ショパン第2集」ピーター・ケイティン(1987年 OLYMPIA OCD 193)

⑪ショパン「ワルツ集」ピーター・ケイティン(録音年代不詳 MUSIC & ARTS CD-261(1))

①ボシュニアコーヴィチの芸術-1 ショパン：夜想曲集(1966〜96年 DENON COCO-80604)

②ボシュニアコーヴィチの芸術-4 ショパン-2(1969〜87年 DENON COCO-80763)

◆ ◆ ◆

③ショパン「4つのバラード」楊麗貞(2019年 LIVE NOTES WWCC-7916)

④ショパン・アルバム「晩年の作品57〜61を集めて」楊麗貞(2008年 LIVE NOTES WWCC-7586)

⑤「ショパン 24の前奏曲」楊麗貞(1999年 ART UNION RECORDS ART-3063)

優しく豊かに、そして時に情熱的に歌うヴァイオリン

つまみ食いCD
ブラームス「ヴァイオリン・ソナタ第一番」（第一楽章）（若林暢（ヴァイオリン）／スタロック（ピアノ））

室内楽曲で最も好きな曲の一つとして、ブラームスのヴァイオリン・ソナタ第一番を挙げたい。特に第一楽章は明朗で美しい旋律に満ち溢れており、聴いていて幸せな気分になってくるからだ。こんなに幸福感を味わえる曲も珍しいと思う。

第一楽章第一主題の、懐かしさを覚える優しくて美しいメロディーにまず心動かされる。それに続く第二主題も大らかで明るく、本当に美しい。聴いていて心が和んでくる。第二楽章のそこはかとない寂寥感、そして第三楽章の「雨の歌」の主題による哀愁を帯びた旋律も美しい。忙しい方は、幸福感溢れる第一楽章だけでも聴いていただきたい。

名曲なだけに、デ・ヴィート／フィッシャー盤、ボベスコ／ジャンティ盤、デュメイ／ピリス

盤など名盤が目白押しで選択に困ってしまうほどだ。しかしながら、このソナタ第一番は旋律が美しい（美し過ぎる）だけに、旋律に溺れて歌い過ぎたり熱くなり過ぎたりして、曲全体の構成が見えづらくなっている演奏が多いと感じている。その中で、私は若林暢（ヴァイオリン）／スタロック（ピアノ）の演奏を第一に推したいと考えている。

若林暢は、実演による小品集（後述）では、実に情熱的でかなり大胆な表現をするヴァイオリニストだと感じていたのだが、このブラームスのソナタ第一番の第一楽章では、スタジオ録音のためか、あり余る情熱を少し抑え気味にして、本当に優しくて慈愛に満ち溢れた演奏を行なっている。何という優しい歌心だろう。そして音色は瑞々しく艶やかで気品に満ちたもの。そしてこそというところで情熱を一気に開花させる。これでこそ、この曲の旋律美を心から味わうことができる。第三楽章では、一転して嫋《たお》やかで流麗な歌が聴けるし、最終部分はテンポをグッと落として大らかに歌いながら終わっていて、本当にため息が出るほど美しいと思う。やはり、とても多彩な表現力を持った人なのだと思った。

若林暢には、実に魅力的な小品集がある。「魂のヴァイオリニスト　若林暢　ヴァイオリン愛奏曲集」と「魂のヴァイオリニスト　甦る若林暢」という題の二つのCDだ。彼女が実演では燃えに燃えて、鬼気迫るような情熱的で大胆な表現を行ない、聴衆の心をわしづかみする素晴らしい演奏家であることがよく分かる内容だ。これらのCDについては、第九章「敬愛する日本人ヴァイオリニストたち」でふれたので、ご参照いただきたい。

若林盤と同様に素晴らしい演奏として、シュナイダーハンの旧盤、ウィウコミルスカ、そして加藤知子の演奏を挙げたい。

シュナイダーハンの旧盤（ピアノはヴューラー）は、とてもスッキリ歌っていて、ソナタ第一番の曲の美しさ、明るさをごく自然に表現していると思う。録音はモノラル（一九五二年）ながら、TOWER RECORDS盤で聴く限り、音は鮮明だ。彼の一九六〇年の演奏（ピアノはゼーマン）は、少し構えた演奏となっているように感じる。なお、シュナイダーハンのメンデルスゾーンの演奏の素晴らしさについては、第七章「ヴァイオリンの圧倒的存在感」でもふれたので、ご参照いただきたい。

ウィウコミルスカはポーランドのヴァイオリニストで、インテンポを基調にしながら大らかにゆったりと歌っていて、心和む演奏となっているところが素晴らしいと思う。しかしながら、外国盤のCDはずっと廃盤となっているようで入手が難しく、中古市場では数万円単位の値段が付くことがある。彼女には、クライスラーの小品集やフランクのソナタなど素晴らしい演奏もあるので、TOWER RECORDSあたりで、彼女の演奏の数々をぜひ復刻して欲しいと思う。

加藤知子の演奏は、流麗に（時には熱く）歌いながらも、抒情的な部分では、日本人らしく弱音で慎ましく演奏している点が素晴らしいと思う。録音も非常によいので、私は若林盤、シュナイダーハンの旧盤と共によく取り上げて聴いている演奏だ。

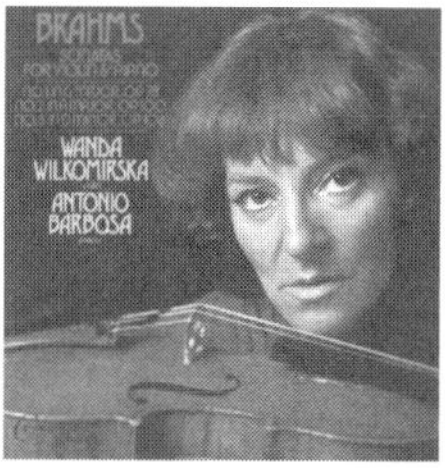

ブラームス「ヴァイオリン・ソナタ集」ウィウコミルスカ（ヴァイオリン）／バルボーザ（ピアノ）（1970年前後の録音 Connoisseur Society CD 4042）

「魂のヴァイオリニスト：ブラームス ヴァイオリン・ソナタ全集」若林暢（ヴァイオリン）／スタロック（ピアノ）（1991年 Sony Music Direct MHCC 30004）

ブラームス「ヴァイオリン・ソナタ集」加藤知子（ヴァイオリン）／江口玲（ピアノ）（2010年 NYS CLASSICS/T&K Entertainment QACK-30001）

ブラームス「ヴァイオリン・ソナタ第1番」他 シュナイダーハン（ヴァイオリン）／ヴューラー（ピアノ）（1952～55年 TOWER RECORDS PROC-1650）

一期一会の録音

つまみ食いCD
フォーレ「ヴァイオリン・ソナタ第一番」（第一・三・四楽章）（ティボー（ヴァイオリン）／コルトー（ピアノ））

ヴァイオリン・ソナタで好きな曲として、前項でブラームスの「ヴァイオリン・ソナタ第一番」を挙げたが、もう一つ好きな曲が、フォーレのヴァイオリン・ソナタ第一番だ。まさにフランス風の、洒落たセンスに満ち溢れた曲で、疲れた時など、その第一楽章や第四楽章をよく聴く。

CDの第一候補として、迷いに迷った挙句、ティボー／コルトーによる往年の演奏を挙げることにしたい。迷ったのは、録音が一九二七年と、今から九十年以上も前の古いものだからだ。CDは、復刻によってはSPの雑音を残した聴き取り難いものとなっている。おそらく、初めて耳にした人は音の悪さにビックリされるだろう。そのような古い録音を勧めることに躊躇したのだが、この曲の演奏で、ティボー／コルトーの歴史的名演を避けることはできないと思い、あえて採り上げてみた次第である。

ティボーのヴァイオリンは、変幻自在に弾く中で、甘いポルタメントを多用しているのが特徴である。今なら、学校で「こんな弾き方はしてはいけません！」と先生に叱られるところだが、そのポルタメントがたまらなく美しいのだ。そして、それに合わせるコルトーのピアノの何と見事なこと！ 今日のように何度も録り直すことができない時代、録音はまさに真剣な「一期一会」の一発勝負。ここでは、変幻自在なティボーのヴァイオリンに、コルトーがこれまた変幻自在なニュアンスを散りばめながら、最後はビシッとティボーに合わせているところが見事なのだ。この丁々発止のやり取り（特に第三楽章）を聴いてしまうと、他のどの演奏も生ぬるく感じてしまう。

録音は、OPUS蔵盤、ETERNA TRADING盤、EMI盤と幾つか出ている。OPUS蔵盤とETERNA TRADING盤は昔のSPの音を忠実に再現しようとしており、できればこれらのCDをお勧めしたい。しかしながら、「SPの針音はどうしても苦手」という人には、針音をある程度消したEMI盤となるだろう。でも、全体に音が固く感じられ、「針音の中から立ち上る芳しきヴァイオリンの音」を聴くことは望めないことになってしまうと思う。

より録音のよいCDから選ぶとすれば、フランス人のコンビであるアモイヤル（ヴァイオリン）／ロジェ（ピアノ）のCDとなるだろう。ティボー／コルトーの演奏を想起させる、変幻自在さや丁々発止のやり取りが感じられるからだ。良い録音で一枚となれば、このCDを最有力候補として挙げることになる。

しかしながら、最近私の心を捉えて離さないのは、加藤知子（ヴァイオリン）／伊藤恵（ピアノ）の日本人コンビによるCDだ。特に第四楽章は、ゆったりしたテンポの中で、ヴァイオリンが優雅に上品に歌い、ピアノがニュアンス豊かにピッタリ寄り添っていて、本当に心和む素晴らしい演奏が繰り広げられている。今、フォーレの「第一番」で最もよく聴いているのは、このCDである。惜しむらくは、このCDの録音は、私の装置では、ヴァイオリンの音が少し硬く感じられることだ（特に高音がきつく聴こえる）。これは、シューベルトの「ます」での深澤亮子のCD（第二章「理想のウィーン風モーツァルト」）でも感じたことである。fontecがリマスタリングをして、より状態のよい音のCDを再発してくれることを切に願っている。

加藤知子については、前項のブラームスのソナタと第九章「敬愛する日本人ヴァイオリニストたち」でもふれたので、ご参照いただきたい。

フォーレ「ヴァイオリン・ソナタ第1番」他　ティボー（ヴァイオリン）／コルトー（ピアノ）（1927年　OPUS蔵盤　OPK 2095、ETERNA TRADING盤 CDR130/COLH74、EMI盤 TOCE-3570）

フォーレ「ヴァイオリン・ソナタ第1番」他　アモイヤル（ヴァイオリン）／ロジェ（ピアノ）（1992年　DECCA 436 866-2）

フォーレ「ヴァイオリン・ソナタ第1番」他　加藤知子（ヴァイオリン）／伊藤恵（ピアノ）（1993年　fontec　FOCD-3180）

骨太な大らかさ

つまみ食いCD

「クライスラー　ヴァイオリン作品集」〈シュムスキー（ヴァイオリン）〉

オスカー・シュムスキーのクライスラー作品集は、骨太の男のロマンを感じさせる演奏だ。彼のヴァイオリンは無骨で逞しい音なので、クライスラーの小品には合わないと思ったのだが、聴き進むに連れて、彼の真摯でひた向きな「歌」にまいってしまった。たとえてみれば、一見強面のおじさんが、実は内面がとても優しくて温かい人だった、というような。

特に素晴らしいのが、「プニャーニの様式による前奏曲とアレグロ」と「コレッリの主題による変奏曲」だ。その逞しい音と大らかな歌いぶりが曲想によくマッチしており、その立派さに惚れぼれしてしまう。一方で、「ウィーン奇想曲」、「愛の喜び」、「愛の悲しみ」、「美しきロスマリン」などのクライスラーの定番曲や、ドヴォルザークの「ユモレスク」、「ロンドンデリーの歌」は、優しく大らかに歌っており、また細かいニュアンスにも欠けていない。この大らかな歌いぶりは清々しく、聴いていて気持ちが晴れ晴れとしてくる。特に「ユモレスク」と「ロンドンデリーの歌」の二曲のしみじみとした歌いぶりは、懐かしさを覚え、素晴らしいと思った［＊補足］。

クライスラーの作品集では、ミシェル・オークレールの演奏がニュアンス豊かで洒落っ気があって素晴らしく、むしろこちらを第一に挙げてもよいと思った。ただし、CDはGreen Doorというマイナー・レーベルで、入手が難しいかもしれない。また、加藤知子の二枚のCDも朗々とした歌に満ち溢れていて魅力的なのだが、廃盤の憂き目に遭ってなかなか手に入り難い状況だ（加藤知子のクライスラーについては、第九章「敬愛する日本人ヴァイオリニストたち」でふれたので、ご参照いただきたい）。

むしろ、演奏と録音がともに素晴らしいシェリング盤が、一般的にはお勧めではないかと思う。シェリングは、バッハやベートーヴェンなど、どちらかといえばお堅い作曲家の曲を得意としており、彼のクライスラーの録音の存在は知ってはいたものの、聴かず嫌いの状態だった。ところが、最近半信半疑で聴いてみたところ、「ウィーン奇想曲」「美しきロスマリン」「中国の太鼓」など、なかなか洒落っ気があり、歌うところはよく歌っていてびっくりした次第である（「愛の喜び」は少し硬いと感じたが）。さらに録音も素晴らしい。一九六三年の録音ながら、音楽的で聴きやすいヴァイオリンの音だ。最近の録音によるヴァイオリンの音が、私の装置では高音が少しキツめに聴こえる場合が多いのだが、今から六十年近く前の録音のほうが、耳に優しく、ヴァイオリンそのものの音を感じることができるとは、一体どうしたことなのだろう。MERCURYは、シャブリエやラヴェルなどでふれたパレー盤（第五章）や、「組曲　グランド・キャニオン」でふれたハンソン盤（第五章）でも、いずれも一九六〇年前後の録音であるにもかかわらず、音楽的で素晴らしい音を聴くことができる。

＊　＊　＊

オスカー・シュムスキー（一九一七～二〇〇〇年）は米国生まれのロシア系ヴァイオリニストで、幼い時から神童と騒がれながら、壮年期はもっぱら教育活動や室内楽演奏に専念してきた人。六十歳代になってからソロ活動に専念したものの、録音がマイナー・レーベルであったため、「幻の巨匠」といわれている。

［＊補足］私は、「オスカー・シュムスキーの芸術」という十六枚組のCDで聴いている。この中には、バッハの「無伴奏ヴァイオリン・ソナタとパルティータ」の真摯で武骨な演奏な

ども入っており、十六枚組を買う価値は十分あると思う。クライスラーのみのCDは、中古を丹念に探せば単独盤を入手できるかもしれない。

オスカー・シュムスキー「クライスラー　ヴァイオリン作品集（1980年代前半頃）」が入っている16枚組のセット（Nimbus Records　CSM1033）

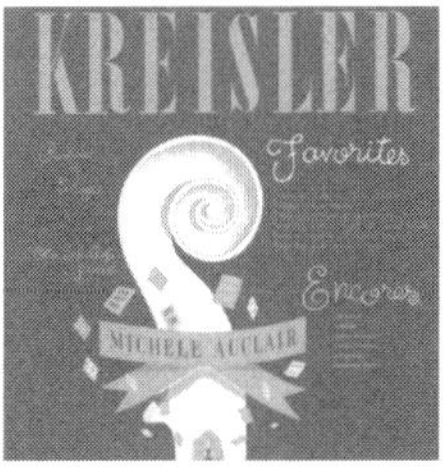

ミシェル・オークレール「クライスラー・アンコール＆フェイヴァリット」（1953年 Green Door　GDCL-0013）

ヘンリク・シェリング「クライスラー名曲集」（1963年 MERCURY　UCCD 4752）

演奏者の全人格を表わすヴァイオリン

つまみ食いCD

ゲステム　ヴァイオリン小品集「アヴェ・マリア」「タイスの瞑想曲」「エストレリータ」など

ヴァイオリンの小品集で、今私の心を摑んで離さないCDがある。それは、ジャック・ゲステムというフランスのヴァイオリニストによるもの。シューベルトの「アヴェ・マリア」、ドヴォルザークの「ユーモレスク」、マスネの「タイスの瞑想曲」など、まさにヴァイオリンの有名曲のオンパレードだ。オリジナルLPは「Reveries」（夢想）と題し、ジャケットは美女の写真を使ったもので、「お気軽にクラシックの名曲を」といった感じで録音・発売されたように思われる。しかし、通俗的なところなど微塵もなく、むしろ通の聴き手を唸《うな》らせるほどの、本格的な名演ばかりだ。

その演奏の特徴を言葉で説明することはなかなか難しい。というのも、何か特別に気を引くような表現をしたり、技術をひけらかしたりすることはまったくなく、ただひたすら誠実に、むしろ愚直に曲を奏でているからだ。太めの音で、素っ気なく弾いているようでいて、じつは細部に至るまで神経を通わせて歌った、とても優しく暖かな演奏。じっくり腰を据えて、しみじみと曲の美しさを表現していく演奏。聴いていて懐かしい感情さえ込み上げてくる。

この演奏が、なぜこれほど私の心を摑んで離さないのだろうか？　それは、ゲステムが「まさに自分の全身全霊をかけて、誠心誠意曲に集中しながら演奏しているから」としか、私には説明のしようがない。その演奏は、彼の長年の経験と深い見識に裏打ちされた、まさに彼の全人生、全人格を表現したもの、といっても過言ではないと思う。華々しいコンクール歴を誇る現代のヴァイオリニストたちから、このような地味深い、滋味溢れる、心の琴線にふれる演奏を、はたして期待できるだろうか？

クライスラーの「愛の喜び」と「愛の悲しみ」は、もう少し洒落っ気をだしてもよいかな、と思ったが、それ以外の二十六曲は実に素晴らしい演奏だと思う。その中で私が特に素晴らしいと感じるのが、ショパンの「別れの曲」、ドヴォルザークの「ユーモレスク」、シューベルトの「アヴェ・マリア」、マルティーニの「愛の喜び」、シューベルトの「セレナーデ」、ショパンの「ノクターン第二番」、マスネの「タイスの瞑想曲」、アルベニスの「タンゴ」、ポンスの「エストレリータ」、ゴダールの「ジョスランの子守歌」、そしてドルドラの「思い出」だ。さらにその中からあえて三つ挙げるとすれば、シューベルトの「アヴェ・マリア」、マスネの「タイスの瞑想曲」、そしてポンスの「エストレリータ」だろうか。この三曲の演奏は、私にとって、まさに宝物となるものだ。

CDは、アリア・レコーズ（ARIA RECORDS）、またはエテルナトレーディングから出ているCD－Rがお勧めだ。私は両方の盤を持っているが、私的な感想をいえば、前者は雑音が少なく非常に綺麗な音となっているのに対し、後者は雑音が少し入るものの、前者よりも潤いのある、暖かい音に感じられる。どちらを取るかは聴き手の好みによるだろう。なお、アリア・レコーズ盤を購入する場合は、クラシックCD通販ショップであるアリアCDの会員になる必要があるようだ。

＊　＊　＊

ジャック・ゲステムはフランスのヴァイオリニスト。リヨンの音楽院で学んだ後、パリ音楽院で研鑽を積んだ。一九七〇～八〇年にパレナン弦楽四重奏団の第二ヴァイオリンを務めた人である。録音は少なく、これら小品集（LP三枚分）やパレナン四重奏団でのフォーレなどの室内楽がある程度だとのことである。

「Reveries」ゲステム（ヴァイオリン）／ゴラ（ピアノ）（1958年　ARIA RECORDS　AR-0057F〜0059F）

「Reveries」ゲステム（ヴァイオリン）／ゴラ（ピアノ）（1958年　エテルナトレーディング　CDR048-050）

第九章

素晴らしき日本人演奏家たち

敬愛する日本人ヴァイオリニストたち——小品集を中心に

つまみ食いCD

海野義雄「珠玉のヴァイオリン名曲集」他、加藤知子「エストレリータ　ヴァイオリン名曲集」他、若林暢「魂のヴァイオリニスト　若林暢　ヴァイオリン愛奏曲集」他、石川静「プラハの休日（Prague Holiday）」他

日本人の演奏家は意識するにしろしないにしろ、間の取り方や呼吸、慎ましやかな表現など、日本人としての特徴を活かした演奏となることが多い。したがって、聴いていてとても自然で、感性にフィットする演奏となることが多いと感じている。ヴァイオリンの小品集でも、最も自然にスムーズに楽しめる演奏が、海野義雄、加藤知子、若林暢、石川静の四人の日本人ヴァイオリニストによるものだ。

私は、ヴァイオリンの小品集が大好きで、これまでたくさんのヴァイオリニストによる演奏を聴いてきたのだが、なかなかこれは！　と思う人に出会うことができなかった。歌い過ぎたり、逆にスッキリし過ぎたり、歌いまわしが気に入らなかったり、テクニックが鼻についたり……。

いろいろ試行錯誤して探している中で、ふとしたきっかけで海野義雄氏の「珠玉のヴァイオリン名曲集」（ＣＤ①、丸数字は本項末尾記載ＣＤ）を聴いて本当にビックリした。なんと自然で豊かな歌だろう！　聴いていて引っかかるところは皆無、海野氏のゆったりした豊饒なヴァイオリンの音を聴いているだけで、至福の時間を過ごすことができた。こんな身近に、こんな素晴らしい小品を弾くヴァイオリニストがいたとは、なぜこれまで気付かなかったのだろう？

「珠玉のヴァイオリン名曲集」の中に収められた演奏はどの曲も素晴らしいのだが、特に「美しきロスマリン」「ロンドンデリーの歌」「ボッケリーニのメヌエット」「ゴセックのガヴォット」「タイスの瞑想曲」が、豊かな歌に満ち溢れていて、時に洒落っ気も交えて、ことのほか素晴らしいと思う。

また、「VIOLIN SHORT PIECES SARASATE KREISLER（ヴァイオリン小品集　サラサーテ　クライスラー）」（ＣＤ②）というＣＤも素晴らしい。「チゴイネルワイゼン」や「序奏とロンド・カプリチオーソ」の超絶技巧を要する曲も難なく弾きこなす技術の確かさ（ジプシー風の歌いまわしも見事）、そして「ユモレスク」「ヴォカリーズ」で示した豊かで安定した歌など、やはり一級品だと思う。

海野氏の他に、小品集でよく聴くのが、加藤知子の演奏だ。加藤知子は、既にブラームスの「ヴァイオリン・ソナタ第一番」やフォーレの「ヴァイオリン・ソナタ第一番」（いずれも第八章）でもふれたヴァイオリニストなのだが、小品集もなかなか素晴らしい。

加藤知子の「クライスラー・コレクション1・2」のCD（CD③、④）では、「ウィーン奇想曲」「ベートーヴェンの主題によるロンディーノ」「愛の悲しみ」「美しきロスマリン」「ロンドンデリーの歌」（いずれもCD③）などの定番曲が、若々しく瑞々しい歌に溢れていて、ついつい聴き惚れてしまう。そして特に素晴らしいと感じたのが、「峠の我が家（スワニー川）」「メロディー（グルック原曲）」「悪魔のトリル」「ロマンス（シューマン原曲）」（いずれもCD④）での、朗々とした、時として熱い歌いぶりだ。こんな素晴らしい演奏にもかかわらず、彼女のクライスラーのCDが二枚とも廃盤の憂き目に遭っているのは、残念でならない。

「オペラ座の夜」（CD⑤）というCDでは、サラサーテやファリャなどの情熱的で技巧的な曲も見事なのだが、なんといっても抒情的な曲がことのほか美しい。グルックの「メロディー」、ヘンデルの「ラルゴ」、マスネの「タイスの瞑想曲」は、弱音主体のゆったりしたテンポの中に無限のニュアンスを散りばめた、見事な演奏だ。弱音でゆっくり弾くことは、相当の技術と歌心がなければ破綻してしまうはずなのに、それを見事に乗りきって、最後までウットリと聴き惚れてしまう稀に見る名演となっている。その実力たるや恐るべし、といえるだろう。

「エストレリータ　加藤知子～ヴァイオリン名曲集」（ＣＤ⑥）と題されたＣＤも素晴らしい。というより、彼女の小品集の中で最も優れた演奏ではないか、と思う。このＣＤでは、持ち前の類いまれな歌心をあえて声高に主張せず、弱音主体で、慎ましやかにしっとりと歌いあげているところが素晴らしい。その歌が聴き手の心の奥底にジワジワと浸透し、至福の時を過ごすことができるのである。やはり抒情的な曲がとりわけ美しく「愛の挨拶」「ノクターン」「歌の翼に」「気まぐれ女」「Ｇ線上のアリア」「エストレリータ」など、いつまでも彼女の歌心に浸り続けたい、と願うばかりだ。そのなかでも「気まぐれ女」のコケティッシュで自在な歌いまわしは見事であり、彼女の最高傑作の一つに挙げてもよいのではと思う。そして、「歌の翼に」と「Ｇ線上のアリア」は音量を抑えながら、しみじみと慎ましやかに歌っており、まさに日本人の感性を活かした名演だと思う。

このＣＤでは、ピアノのサンダースの演奏も素晴らしいと思う。加藤氏の繊細な感性に鋭敏に反応しながら、美しい音でピッタリと寄り添った伴奏を行なっているからだ。

その他に小品集でよく聴くのが若林暢の演奏だ。「魂のヴァイオリニスト　若林暢　ヴァイオリン愛奏曲集」（CD⑦）というCDの中に入っている「美しきロスマリン」は、テンポや強弱を大胆に動かした魅惑的な演奏で、これまで聴いた同曲の演奏で最も素晴らしいと思った。彼女は、ライヴ演奏の会場で、まさにその瞬間に感じたインスピレーションによって、自由自在に演奏することができた人なのだろう。このような個性的な演奏は、現在ではなかなか聴けない、とても貴重なものだと思う。私は、ミスのない優等生的な演奏よりも、彼女のような強いメッセージが感じられる熱い演奏のほうが大好きだ。

同小品集に入っている「中国の太鼓」では、目も眩《くら》むようなテクニック、大胆なアクセントの付け方、中間部の濃厚な歌などが聴かれ、本当に素晴らしい！　と思った。おそらく会場で聴いていたら、卒倒するほど感動したと思う。パガニーニの「カンタービレ」の懐かしさ溢れる歌いまわし、「チャルダーシュ」や「ツィゴイネルワイゼン」でのジプシー風の濃厚な歌いまわしと猛烈なスピードでのテクニックなど、まさにため息が出てくる素晴らしさだ。「中国の太鼓」と同様、会場で聴いていたら、猛烈に感動して、おそらく立ち上がれなかったのではないか、と思う。この人の実演を聴かなかったのが、返すがえすも残念でならない。

もう一つの小品集「魂のヴァイオリニスト　甦る若林暢」（CD⑧）では、「タイスの瞑想曲」が素晴らしいと思った。嫋《たお》やかな歌の中に、熱い情熱が込められており、聴く人の心の琴線にふれる美しい演奏となっている。同曲のトップを争う名演だと思う。「夜想曲」での悲哀に満ちた音色と密やかな歌い方も素晴らしい。そして「「ファウスト」の主題による華麗なる幻想曲」は、かなり長大な曲だが、流麗な歌いまわしと華やかなテクニックで、ついつい最後まで聴き惚れてしまった。本当にこの人は、全身歌に満ち溢れた人なのだと思う。

なお、若林暢については、第八章「優しく豊かに、そして時に情熱的に歌うヴァイオリン」のブラームスの「ヴァイオリン・ソナタ第一番」でもふれたので、ご参照いただきたい。

また、小品集でよく聴くのが石川静だ。若林暢の小品が「動」の演奏とすれば、石川静の小品は、名前の通りまさに「静」の演奏だと思う。チェコの名手たちと録音した「プラハの休日（Prague Holiday）」（CD⑨）の中で、石川氏は「メロディ」「愛のあいさつ」「ロンディーノ」「ユモレスク」の四曲を弾いているが、どれも絶品中の絶品といえる演奏だ。ゆったりとしたテンポの中で慎ましく嫋やかに歌うヴァイオリン、その音は柔らかく慈愛に満ちていて、本当に美しい！　特に「愛のあいさつ」は、数ある名演の中で、個人的には一番に挙げたい。その彼女の音を忠実に再現した録音も素晴らしい。常日頃、ヴァイオリンの最新録音には辛目の採点をしがちな私だが、ここでは文句なしに素晴らしい音質で録音されていると思う。また、「プラハの休日」は、石川静の他、チェコの一流の演奏家（チェリスト、ピアニスト、フルーティスト、トランペット奏者など）が古今の名曲を奏でており、BGMとして最高の一枚だと思う（BGMとして聴き流すにはもったいないぐらい各演奏の質が高い）。

石川静には、「ヴォカリーズ」「ラ・カンパネルラ」など本当に素晴らしい演奏があるのだが、ヴァイオリン名曲集といったオムニバスの中でしか聴けないのは、残念なことだと思う。日本のレコード会社も、日本の聴衆も、もっと自国の優れた演奏家にあたたかい目を向けるべきではないか、と憤りすら覚える。

石川静には、小品だけでなく、コンチェルトでも素晴らしい演奏を行なっている。「チャイコフスキーのヴァイオリン協奏曲」（CD⑩）だ。スラヴ風の熱い息吹や濃厚な歌いまわし、颯爽としたテクニックなど、どれも超一流といってよい。さらに特筆すべきは、コシュラー指揮／チェコ・フィルハーモニー管弦楽団による伴奏だ。当時二十代半ばにも満たない若い日本人ヴァイオリニストを、それこそ全身全霊で支え、熱い充実した伴奏を繰りひろげている。チャイコフスキーの協奏曲では、他にフランチェスカッティの名演（伴奏のシッパースの指揮が凄い！）もあるが、私は石川静盤を第一位に挙げたいとすら考えている。

⑦「魂のヴァイオリニスト　若林暢　ヴァイオリン愛奏曲集」(1999〜2011年　Sony Music Direct　MHCC 30005)

⑧「魂のヴァイオリニスト　甦る若林暢」(1986〜2011年　Sony Music Direct　MHCC 30006)

◆　◆　◆

⑨石川静 他「プラハの休日(Prague Holiday)」(2001年　EXTON　OVCL-00050)

⑩「チャイコフスキー　ヴァイオリン協奏曲」他　コシュラー指揮／チェコ・フィルハーモニー管弦楽団(1978年　SUPRAPHON　CO-4566)

①海野義雄 他「珠玉のヴァイオリン名曲集」(1994年　MIN-ON　MC-1007)

②「VIOLIN SHORT PIECES SARASATE KREISLER」(1969〜74年　SONY　SRCR 1538)

◆　◆　◆

③④加藤知子「クライスラー・コレクション1・2」(1989年、1991年　ポニー・キャニオン　D32L0012、PCCL-00131)

⑤「オペラ座の夜」(1996年　DENON　COCO-80478)

⑥加藤知子「エストレリータ　ヴァイオリン名曲集」(1994年　DENON　COCO-78863)

コラム

「日本人の演奏」について

私は本書で、「感動を与えてくれる素晴らしい演奏か否か」を主な判断基準として、CDを選択してきた。その結果として、予想外に多くの日本人演奏家が選ばれている。たとえば次の人たちをそれぞれの曲で採り上げた。

指揮者
- 山田一雄：レスピーギ「ローマの松」
- 朝比奈隆：ブルックナー「交響曲第七番」やチャイコフスキー「交響曲第六番（悲愴）」

オーケストラ
- 紀尾井シンフォニエッタ東京（現在の紀尾井ホール室内管弦楽団）：ブラームス「交響曲第四番」でのナヌートとの演奏
- 東京都交響楽団：レスピーギ「ローマの松」での山田一雄との演奏

・群馬交響楽団：モーツァルト「ピアノ協奏曲第二十三番」での遠山慶子との演奏
・大阪フィルハーモニー交響楽団：ブルックナー「交響曲第七番」での朝比奈隆との演奏
・新星日本交響楽団：チャイコフスキー「交響曲第六番（悲愴）」での朝比奈隆との演奏
・札幌交響楽団：ドヴォルザーク「交響曲第八番」やリムスキー＝コルサコフ「シェエラザード」などでのエリシュカとの演奏

ピアニスト

・遠山慶子：モーツァルト「ピアノ協奏曲第二十三番」「ピアノ協奏曲第二十七番」
・内田光子：モーツァルト「ピアノ協奏曲第二十七番」
・杉谷昭子：ベートーヴェン「ピアノ協奏曲第四番」や「珠玉の名曲選　カタリ・カタリ」など
・楊麗貞：「敬愛するピアニストたち」でのショパンの曲
・吉武雅子：「敬愛するピアニストたち」でのショパンやリストなどの曲

ヴァイオリニスト

・若林暢：ブラームス「ヴァイオリン・ソナタ第一番」やヴァイオリン愛奏曲集など

・加藤知子：ブラームス「ヴァイオリン・ソナタ第一番」、フォーレ「ヴァイオリン・ソナタ第一番」、「敬愛する日本人ヴァイオリニストたち」でのヴァイオリン名曲集など

・海野義雄：「敬愛する日本人ヴァイオリニストたち」でのヴァイオリン名曲集など

・石川静：「敬愛する日本人ヴァイオリニストたち」でのヴァイオリン小品集やチャイコフスキー「ヴァイオリン協奏曲」

その他の演奏家・歌手

・崎元讓：「まさに絶品のハーモニカ」での「優しい時間」など

・須川展也：「表現力豊かなサクソフォン」での「浜辺の歌」などの小品

・山路芳久：「類いまれな美声と抒情性を併せ持つ「不世出のテノール」」での「アヴェ・マリア　人知れぬ涙」

それでは、なぜ日本人の演奏家が多く選ばれる結果となったのだろうか。

小澤征爾氏と村上春樹氏との対談集『小澤征爾さんと、音楽について話をする』（二〇一四

年　新潮社）で、村上氏が内田光子さんのピアノ演奏を評して「あのピアノの透明感とか、あるいは間の取り方とか、よく聴くと日本的と言ってもおかしくはないですよね。でもそれは意図して、狙《ねら》って出しているものではなく、あくまでも音楽そのものを追及していった結果として、ナチュラルに出てきたものじゃないか、という印象があります」と述べている。まさに日本人の感性を活かした西洋音楽の演奏方法が存在するのであり、それが成功すると、世界のどこに出しても恥ずかしくない、素晴らしい演奏となりうる、と思う。また、日本人のリスナーにとっても、自分たちの潜在意識の中に備わっている「間の取り方」や「呼吸」に合った演奏のほうが、また、日本風の慎ましやかな表現のほうが、かえって聴きやすく理解しやすいのではないか、と思うのである。

一般に、日本人のリスナーは、日本人の演奏家を少し下に見る傾向があると、残念ながら感じている。しかしながら、スピーカーから流れてくる音を虚心坦懐に聴いてみると、身近にこんなにも見事な演奏をする日本人がたくさんいることに気付くことになるのでは、と思う。演奏家に関する予備知識は、音楽を鑑賞する上で時として妨げになるのではないか、と私は常々感じているのである。

第十章

こんな楽器にも絶品の演奏が

凛として透き通るほどに美しいリコーダーの音

つまみ食いCD

ヘンデル「リコーダー・ソナタ　イ短調」、バッハ「ブランデンブルク協奏曲第四番」〈ハンス＝マルティン・リンデ（リコーダー）他〉

私は一時期、リコーダーをプロの先生に付いて習っていたことがあり、リコーダーのCDをかなり集めた。最も有名なリコーダー奏者といえば、古楽器界の雄フランス・ブリュッヘンの名前を挙げることになるのだが、彼の独特な、少々クセのある表現には最後まで馴染《なじ》めなかった。彼のあり余る表現意欲は、リコーダーという小さな楽器には収まりきらなかったのだろう。私が一番心惹かれたリコーダー奏者は、ハンス＝マルティン・リンデだ。彼の素直で美しい音色の演奏に心から惹かれるからだ。彼の音は、本当に透き通っていて、心が晴れればれするほど美しい。

私は、リコーダーという、ちっぽけで単純な構造の楽器に対して、多彩な演奏表現を求めるのは酷だと考えている。無理に表現を広げようとしても、かえってわざとらしさが感じられて、聴くほうは白けてしまう。リコーダーは、明るく朗らかに、そして時にはしみじみと美しく響けばよい、と思う。素直で美しいリンデの音を楽しむ曲として、私はヘンデルの「リコーダー・ソナタ　イ短調」と「ブランデンブルク協奏曲第四番」を挙げたい。

ヘンデルのリコーダー・ソナタは、全部で六曲ほどあるといわれているが、この中で私は「イ短調のソナタ」が断トツに素晴らしいと思う。ヘンデルの様々な楽器のソナタの中で一番素晴らしいだけでなく、古今のリコーダー（あるいは木管楽器用）のソナタの中で、最も充実した内容を誇る、大変な名曲だと思う。イ短調は私も吹いたことがある曲で、名曲であることをまさに実感した次第である。この曲でのリンデは、ラゴスニッヒのギター伴奏に乗って、それこそ心が震えるほど美しい音で演奏している。クセのない、素直な演奏であり、それだからこそ、この曲の素晴らしさを心から堪能できる〈このヘンデルのソナタは「涙のパヴァーヌ～ブロックフレーテの魅力」〈CD①、丸数字は本項末尾記載CD〉のDisc1に入っている〉。

このCDでは、ヴァン・エイクの名曲「涙のパヴァーヌ」の演奏も素晴らしい。彼のアルト・リコーダーの、哀愁を帯びた透明な音の美しさを、なんに喩えたらよいのだろう？　そして、ここでは、テーマのあとに変奏が演奏されており、曲の展開がとても分かりやすい。この他にも、「イタリア風グラウンドによるディヴィジョン」や「グリーンスリーヴスによる変奏曲」など、彼の素晴らしい演奏を堪能できる。

リンデがリコーダーで参加している「ブランデンブルク協奏曲第四番」のＣＤは複数出ているが、お勧めは、カール・リステンパルト指揮／ザール室内管弦楽団とのステレオ録音盤（ＣＤ②）か、カール・リヒター指揮／ミュンヘン・バッハ管弦楽団盤（ＣＤ③）の二つのＣＤだ。端正なリステンパルト、質実剛健なリヒターの、それぞれの伴奏に乗って、リンデが凛とした美しいリコーダー演奏を繰りひろげている。ただし、リステンパルト盤は中古市場で一万〜二万円の高値が付いており、なかなか入手が難しいと思う。この他に、バウムガルトナー指揮／ルツェルン音楽祭弦楽合奏団盤（ＣＤ④）、コレギウム・アウレウム合奏団盤（ＣＤ⑤）、リンデ自身の指揮とリコーダーによるリンデ・コンソート盤（ＣＤ⑥）の各ＣＤでもリンデの美しいリコーダーを聴くことができる。なお、カール・リヒター指揮／ミュンヘン・バッハ管弦楽団にはＤＶＤ盤があり、リンデやリヒターの雄姿を見ることができるのが嬉しい。

リンデはリコーダーの名手であるばかりでなく、素晴らしいバリトン歌手でもある。「ルネサンスのクリスマス音楽」（ＣＤ⑦）というＣＤで、彼はソプラノのアメリンクなどと共に実に素晴らしい声を披露している。ここではドイツで昔から歌われているクリスマス・キャロルが心温まる和やかな雰囲気で演奏されており、クリスマスの時期の私の愛聴盤となっている。

＊　＊　＊

ハンス・マルティン・リンデ（一九三〇〜）は、ドイツ出身のフルート奏者、リコーダー奏者、指揮者。バーゼル・スコラ・カントルム合奏団やリンデ・コンソート（古楽合奏団）で活躍、バーゼル音楽院の院長を務めた。

①「涙のパヴァーヌ　ブロックフレーテの魅力」リンデ（リコーダー）／ラゴスニッヒ（ギター）他（1970年　deutsche harmonia mundi　BVCD-38025〜6）

◆　◆　◆

・バッハ「ブランデンブルク協奏曲第4番」リンデ（リコーダー）

②リステンパルト指揮／ザール室内管弦楽団（1962年　ACCORD　200392）

③リヒター指揮／ミュンヘン・バッハ管弦楽団（1968年　ARCHIV　463 657-2）

④バウムガルトナー指揮／ルツェルン音楽祭弦楽合奏団（1960年　ARCHIV　UCCA-3175）

⑤コレギウム・アウレウム合奏団（1965〜67年　deutsche harmonia mundi　BVCD-7301〜02）

⑥リンデ指揮／リンデ・コンソート（1982年　Virgin　CDM5611542）

◆　◆　◆

⑦「ルネサンスのクリスマス音楽」リンデ（リコーダーとバリトン）／アメリンク他（1961年　deutsche harmonia mundi　BVCD-38013〜4）

まさに絶品のハーモニカ

つまみ食いCD

「優しい時間」より「ありがとう」他〈崎元讓（ハーモニカ）〉

「優しい時間」というCDは、富良野の美しい自然を舞台にした同名のテレビドラマのサウンド・トラック。私は海外に赴任していた時、そのドラマのビデオを借りて、釘付けになって見た記憶がある。父と子の葛藤という人間ドラマに引き込まれたが、何にも増して、北海道の自然の美しさ、そしてドラマの背景を彩る音楽の美しさに惹かれたからだ。

このサウンド・トラックをクラシック音楽の範疇に入れてよいのか疑問も残るが、心に響く美しい旋律、そしてそれを演奏する人たち（ソプラノ、チェロ、フルート、ハーモニカなど）はクラシック音楽界の実力者揃い、と感じるからだ。

そして、とりわけ素晴らしいのは、第九曲「ありがとう」のハーモニカ演奏である。まさに絶品の美しさだ。ハーモニカという小さな楽器が、こんなにもニュアンス豊かに、しみじみと心に響く演奏が可能だったとは、本当に驚くほかない。ハーモニカは、同じ独奏楽器であるフルートなどよりも、はるかに表現力が豊かなのでは、と思ってしまう。この驚くべきハーモニカ奏者は誰だろう？　と長年探し続けてきたが、なかなか解明できなかった。それが、「AVE MARIA」というCDを聴いて、「あの演奏は崎元譲さんによるものだったのだ！」と確信したのである。そして、崎元さんのマネジメント会社に問い合わせ、ご本人に確認していただいたところ、「私の演奏です」とのご回答をいただくことができた。まさに望外の喜びだった（その後、「優しい時間」のCD解説書の裏面に非常に小さな字で崎元さんの名前を発見することになったのだが……）。

この「AVE MARIA」では、ハープの伴奏で、ハーモニカが原曲のメロディーをほぼそのまま

「優しい時間」オリジナル・サウンドトラック　崎元譲（ハーモニカ）他（2005年頃　ビクター・エンタテイメント VICP-62966）

「AVE MARIA」崎元譲（ハーモニカ）・三宅美子（ハープ）（1995年　カメラータ・トウキョウ 25CM-589）

演奏している。この種の編曲物の演奏にありがちな、アレンジ過多の弊害が少ないのである。そのお陰で、旋律の美しさとともに、崎元さんのニュアンス豊かなハーモニカを素直に堪能できる。「アヴェ・マリア」、「セレナーデ」、「シチリアーノ」、「ガヴォット」など、思わず聴き惚れてしまうほどの美しさだ。また、サン＝サーンスの「白鳥」は、チェロよりもニュアンス豊かで、ハープともども絶品の美しさだと思った。

表現力豊かなサクソフォン

つまみ食いCD

「Once Upon A Time」より「浜辺の歌」〈須川展也（サクソフォン）〉

サクソフォンは、主にジャズやマーチング・バンドなどで使われる楽器で、クラシック音楽には縁遠い楽器だ、と思っていた。サクソフォンを使ったクラシックの名曲は、せいぜいビゼーの「アルルの女組曲」ぐらいしか見当たらないからだ。

ところが、その私にサクソフォンの表現力の豊かさを教えてくれたのが、須川展也氏による「Once Upon A Time」というCDだった。そのなかでも、「浜辺の歌」の繊細な表現力には、心底まいってしまった。なんとニュアンス豊かで温かみのある音だろう。そして、ゆったりとした流れの中に心からの歌を込めており、それが聴く人の心を打つ。普段ジャズなどでしか聴かないサクソフォンという楽器が、実は底知れない表現力を持っていることを、ハッキリと教えてくれる演奏だと思う。

このCDには、「浜辺の歌」の他にも、「ヴォカリーズ」、「ラグタイム・ダンス」、「ふるさと」、「赤とんぼ」など、ため息の出るような素晴らしい演奏を聴くことができる。

「Once Upon A Time」須川展也（サクソフォン）他（1989年 ART UNION RECORDS ART-3078）

第十一章

やはり人間の声は素晴らしい！

夢見るように儚く美しい歌曲

つまみ食いCD

シューベルト「水の上で歌う」〔シュヴァルツコップ、アメリング、ボストリッジ、ボニー〕

シューベルトの歌曲の数ある名曲の中で、多感な中高時代から常に私の心を摑んで離さなかったのは、「水の上で歌う」という曲だ。夕暮れの舟遊びを歌った曲で、細かく下降するピアノが、夕映えに煌めく水面の様子を表わしており、その美しさは筆舌に尽くし難いほどだ。

したがって、演奏は、歌だけでなくピアノも美しくなければならない曲だと思う。

中高時代から親しんでいた演奏は、シュヴァルツコップ／フィッシャーのものだった。特にフィッシャーのピアノの美しさに恍惚として聴き入ったことを思い出す。彼のピアノは繊細で、そこはかとなく歌っていて、本当に夢見るように美しい。フィッシャーのピアノ伴奏を超える演奏はなかなかない、と思っている。シュヴァルツコップ〔CDの記載はシュワルツコップとなっているが、より一般的なシュヴァルツコップとした）も、思いのほか素直に歌っていて、曲の美しさを堪能できる。

　次によく聴いていたのが、アメリング／ゲージの演奏。アメリングの声は、素直で可憐な美しさだ。ゲージのピアノは控えめだが繊細に弾いている。アメリングにはヤンセン（ピアノ）との新盤もあり、こちらのほうは彼女の表現の幅がより広く深くなっていると感じる。ヤンセンのピアノも実に繊細だ。どちらを取るかは好みの問題だろう。ただ、私は昔から慣れ親しんでいる旧盤のほうが好きである。

　しかしながら、最近良く取り上げて聴いているのは、前述のシュヴァルツコップやアメリングではなく、ボストリッジとボニーのCDだ。この曲は女性の声に相応《ふさわ》しいと思っていたが、ボストリッジの爽やかで清々しい美声を聴いて、その考えを改めることになった。聴いていてまさに

・シューベルト「水の上で歌う」

「The Dutch Nightingale」（8枚組）アメリング（ソプラノ）／ゲージ（ピアノ）（1971年 EMI　6 79073 2）

「Schubert Lieder」ボストリッジ（テノール）／ドレイク（ピアノ）（1996年 EMI TOCE-9874）

「歌の翼に［シュワルツコップ珠玉の名歌集］」シュワルツコップ（ソプラノ）／フィッシャー（ピアノ）（1952年 SERAPHIM　TOCE-1559）

「アヴェ・マリア～シューベルト：歌曲集」ボニー（ソプラノ）／パーソンズ（ピアノ）（1994年 TELDEC WPCS-21241）

恍惚となるような美しさだ。また、ドレイクのピアノも繊細で美しい。フィッシャーの次に美しいピアノ伴奏を挙げるとすれば、このドレイクの演奏になると思う。今一番お勧めの演奏で、しかもCDが入手しやすい盤として、このボストリッジ／ドレイク盤を挙げることにしたい。

一方、ボニーの歌は、透明で可憐で輝くように美しく、夕映えが湖面にキラキラ光る姿が目に浮かぶようだ。パーソンズのピアノは、少し生真面目な感じがしなくもないけれど。

類いまれな美声と抒情性を併せ持つ「不世出のテノール」

つまみ食いCD

ヴンダーリヒ（テノール）＝小品集「グラナダ」、「奥様お手をどうぞ」、「トセリのセレナーデ」、「ビー・マイ・ラヴ」、「アイ・アイ・アイ」他。「美しき水車小屋の娘」、「詩人の恋」、「野薔薇」、「楽に寄す」など

番外編：山路芳久「アヴェ・マリア　人知れぬ涙」

最も好きな男性歌手は、と聞かれたら、フリッツ・ヴンダーリヒの名前を挙げることにしている。彼のテノールは、高音が輝かしく響くとともに、素直で抒情的な表現がとても魅力的だからだ。彼の死後五十五年以上経つが、いまだに彼を超えるテノール歌手は現われていない、と断言してもよいと思う。

私はヴンダーリヒの歌を聴く時、歌詞の内容を把握した上で聴くことはほとんどしていない。歌詞の意味が分からなくても、彼の声を聴くだけで、本当にウットリしてしまう。キーン先生は『ドナルド・キーンの音盤風刺花伝』（一九七七年　音楽之友社）の中で、カルーソーの歌を聴く時、歌詞の意味が理解できないことなど少しも気にならず、「声そのものが心に深々としみ渡ったた

めに、音楽を歌詞の点から考えることなどできなかった。わたしの聴き取ったものは、わたしに直接呼びかけてきた魂だったのだ」と書かれている。私がヴンダーリヒの歌を聴く時も、まさに同じ状態となる。

まず、彼の高域の澄み切った輝かしさを示す好例が、「グラナダ（Granada）」（一九六五年　ハンス・カルステ指揮／クルト・グラウンケ交響楽団）だと思う。最初の出だしの突き刺さるような高らかな歌声に、まず圧倒されてしまう。そして、どこまでも明るく伸びやかに歌うヴンダーリヒ。そして常に品位を保って歌っているのが彼の特徴だ。

また私が聴いていたＬＰには、「グラナダ」の他に「奥様お手をどうぞ（Ich Küsse Ihre Hand, Madame）」、「トセリのセレナーデ（Serenata）」、「ビー・マイ・ラヴ（Be My Love）」、そして「アイ・アイ・アイ（Schlaf ein, mein Blond-Engelein）」などが入っていた。そこで聴かれる彼のとろけるような甘い美声と張りのある高音は、まさに最高のエンターテインメントといってよいだろう（ビー・マイ・ラヴでの彼の英語の発音はご愛敬レベル、そして伴奏のコーラスは下手くそだけど、彼の高らかな美声はすべてを許してしまう）。

右に挙げた「グラナダ」以下の五曲は、ＣＤでは、七枚組の外国盤セット（フリッツ・ヴンダーリヒの芸術：The Art of Fritz Wunderlich）（ＣＤ①、丸数字は本項末尾記載ＣＤ）、あるいは三十二枚組の外国盤セット（フリッツ・ヴンダーリヒ　スタジオ録音全集）でしか聴くことができないようである（私は七枚組を購入）。できれば、この小品集だけで一枚のＣＤにして、TOWER RECORDSあたりで再発売してもらえるとあり難いのだが……。ちなみに、七枚組セットの中には、ビゼーの「真珠採り」の有名なデュエット「聖なる神殿の奥深く（Au fond du temple saint）」を、ヴンダーリヒとプライの二重唱で（ドイツ語だが）聴くことができるのは、なんと贅沢なことだろう。

そして、彼の抒情的な美声を味わうには、シューベルトの「美しき水車小屋の娘」（ＣＤ②）やシューマンの「詩人の恋」（ＣＤ③）などを挙げることができるだろう。このようなドイツ・リートでは、フィッシャー＝ディースカウやシュヴァルツコップなどの聡明な歌手たちは、詩の内容を深く吟味して表現を細かく工夫していくのだが、ヴンダーリヒはその作業は不要とばかり、詩の内容を直感的に把握し、それを天性の美声で高らかに歌い上げてしまう。そしてその歌が、聴衆の心に直接訴えかける力を持っているのである。まさに天賦の才としかいいようがない。

この「美しき水車小屋の娘」も「詩人の恋」も、抒情的ながらも自然で癖のない表現と類いまれな美声で、若者の傷つきやすい心情を切々と歌い上げている。私にとって、これ以上の「水車小屋」も「詩人の恋」も考えられない。

なお、「詩人の恋」は、ザルツブルク音楽祭でのライヴ録音（ORFEO盤、ＣＤ④）があり、特に第七曲「私は恨むいまい（Ich grolle nicht）」は、実演ならではの高揚感によって、若い詩人の心情がより痛切に表現されているように感じられる。

また、「野薔薇（Heidenroslein）」（「水車小屋」〈CD②〉に併録）や、「楽に寄す（An die Musik）」（「詩人の恋」〈CD③〉に併録）での真っすぐ素直に歌い上げる歌唱は、まさに絶品としかいいようがない。


ヴンダーリヒのCDを紹介して終わろうかと思っていたところ、ここでどうしても山路芳久という日本人歌手にふれざるをえなくなってしまった。山路氏は、一九七〇年代から八〇年代にかけて、ウィーンやミュンヘンの国立歌劇場の専属歌手として活躍したテノール歌手で、将来を嘱望されながら、心筋梗塞で三十八歳の若さで亡くなった人である。数年がかりで探していた彼のCD「アヴェ・マリア　人知れぬ涙」（CD⑤）を先日やっと手に入れ、その歌声を聴いて心底ビックリしてしまった。真摯でリリカルな美しい歌声が、ストレートに心に響いてくる。特に「人知れぬ涙」とそれに続く「初恋」は、まさに絶品といえる名唱だ。三十代の若さで亡くなったことも含め、これはまるで日本版ヴンダーリヒではないか、と強く思った次第である。

山路氏のCDは非常に少なく（ヤフオクで一万円もの値が付いていた）、なかなか手に入れることが難しい。彼の素直で抒情的で清々しい歌声を、もっと多くの人が聴けるようになって欲しい、と切に願うばかりである。

＊　＊　＊

ヴンダーリヒ（一九三〇〜六六年）は、ドイツのテノール歌手で、バイエルン州立歌劇場やウィーン国立歌劇場などで「ドイツを代表するリリック・テノール」として活躍した。彼はオペラだけでなくリート歌手としても高く評価されていた。しかしながら、階段から転落するという不慮の事故で、三十五歳の若さで亡くなったのは、クラシック音楽界にとって、返すがえすも残念でならない出来事だと思う。

①「フリッツ・ヴンダーリヒの芸術：The Art of Fritz Wunderlich」より「グラナダ」「奥様お手をどうぞ」「トセリのセレナーデ」「ビー・マイ・ラヴ」「アイ・アイ・アイ」など(7枚組　ドイツ・グラモフォン　477　5305)

②シューベルト「美しき水車小屋の娘」他　ヴンダーリヒ(テノール)／ギーゼン(ピアノ)(1965〜66年　ドイツ・グラモフォン　POCG-3526)

③④シューマン「詩人の恋」他　ヴンダーリヒ(テノール)／ギーゼン(ピアノ)(1965年　ドイツ・グラモフォン　449 747-2、1965年　ライヴ　ORFEO　C 432 961 B)

⑤番外編：山路芳久「アヴェ・マリア　人知れぬ涙」山路芳久(テノール／藤井孝子(ピアノ)／南安雄（指揮）／札幌交響楽団（1985〜88年　音楽之友社　OCD 0511)

表情豊かなバリトンと絶妙なピアノ伴奏

つまみ食いCD

「君を愛す」、「鱒」など（プライ（バリトン）／ホカンソン（ピアノ））

ヘルマン・プライは、同じバリトンのフィッシャー＝ディースカウと比べて、少々影が薄い印象を受ける。しかしながら、後者は考え抜かれた知的で完璧な演奏が特徴であり、とても立派だが、聴いていて必ずしも面白いとは限らない。一方、プライは当たりはずれがあったとしても、ツボにはまった時には、とてつもなく魅力的な歌を歌う人だと思う。

本来なら、彼のオペラでの歌唱を聴くべきなのだが、私は、「愛の歌」と題する名歌集のＣＤがことのほか素晴らしいと考えている。ここでは、彼は肩肘張らずに、じつに表情豊かに歌っている。なかでも「君を愛す」ののびやかな歌、そして「鱒」の洒落っ気たっぷりの歌には、思わず聴き惚れてしまう。

そして、このCDの成功の要因の一つは、レナード・ホカンソンのピアノ伴奏だと思う。ここでの彼のピアノは、プライにピッタリと寄り添いながら、ここぞという時にシッカリと自己主張をしており、その対応が絶妙だ。特に、「鱒」での、よく弾む、茶目っ気たっぷりの伴奏は見事だと思う。シューベルトの歌曲「美しき水車小屋の娘」では、少々癖のあるピアノ伴奏を行なっていたホカンソンだが、このCDでは、そのようなことはまったくなく、素晴らしい伴奏を展開している。

プライのCDでは、この他に「プライ〜ムシデン（ドイツ民謡集）」を愛聴している。「ムシデン」「ローレライ」「野ばら」など、よく耳にするドイツの民謡や歌曲が、オーケストラのバックで歌われているCDだ。特に「ムシデン」（第一曲目）や「ああ、どうしてそんなことが」（第二曲目）、「ターラウのエンヒェン」（第十三曲目）では、プライがのびのびとリラックスして歌っており、彼の温かい人柄が感じられて素晴らしいと思う。

また、前項のヴンダーリヒでふれたのだが、七枚組の外国盤セット「フリッツ・ヴンダーリヒの芸術」でビゼーの「真珠採り」の有名なデュエット「聖なる神殿の奥深く」を、私の大好きなプライとヴンダーリヒの二重唱で（ドイツ語だが）聴くことができるのは、なんと幸せなことだろう。

＊　＊　＊

ヘルマン・プライ（一九二九〜九八年）は、ベルリン生まれのバリトン歌手。ドイツ歌曲からドイツ、イタリアのオペラまで幅広いレパートリーで活躍した。また、ドイツ民謡や学生歌も取り上げて歌うなど、明るい庶民的な人柄で親しまれた。

「愛の歌」プライ（バリトン）／ホカンソン（ピアノ）（1985〜86年 DENON COCQ-85135）

「プライ〜ムシデン（ドイツ民謡集）」プライ（バリトン）／グラウンケ交響楽団（録音年不詳 SERAPHIM TOCE-8958）

胸が締め付けられるような青春の歌

つまみ食いCD

プッチーニ　歌劇「ラ・ボエーム」（第一幕の途中から第二幕の終わりまで）〔タリアヴィーニ（テノール）／カルテリ（ソプラノ）他／サンティーニ（指揮）／トリノ・イタリア放送交響楽団＆合唱団〕

忙しい人にはオペラ鑑賞は難しいかもしれない。概して長く、翻訳書を見ながら歌詞を追っていくのは、結構しんどい作業だからだ。それでも、時々聴きたくなるオペラとして、「カルメン」と「ラ・ボエーム」の二つを挙げたい。「カルメン」は、筋が分からなくても、ほぼ全編が楽しい名旋律で溢れているので、好きな曲やアリアをつまみ食いするのにもってこいのオペラである。一方、「ラ・ボエーム」も、特に第一幕の途中から第二幕の終わりにかけてが、詩情豊かな名旋律のオンパレードで、聴き手を飽きさせることがない。

「ラ・ボエーム」は、一八三〇年代のパリを舞台に、ボヘミアンと呼ばれる貧しい芸術家の卵たちの青春の姿を描いたオペラ。プッチーニらしい美しい旋律に溢れているが、特に詩人ロドルフォの「冷たい手を」、ミミの「私の名はミミ」、そして第一幕最後の二重唱「愛らしい乙女よ」は、胸が締め付けられるほど美しい。さらに、第二幕の軍隊の行進とそれを追いかける子どもたちの姿も、臨場感溢れる曲だし、何にもましてもムゼッタのワルツ「私が街を歩けば」が、このオペラ、というより数多いオペラのなかでも屈指の名旋律だと思う。

人気の高いオペラだけに、名盤が目白押しであり、私はテバルディ／ベルゴンツィのセラフィン盤、ロス・アンヘレス／ビョルリンクのビーチャム盤を愛聴してきた。でも今は、タリアヴィーニ（テノール）／カルテリ（ソプラノ）／サンティーニ（指揮）／トリノ・イタリア放送交響楽団&合唱団の演奏ばかり聴いている。この盤さえあれば、他の盤はいらない、とさえ思えるほどだ。

何にもまして、ロドルフォ役のタリアヴィーニの甘い美声がことのほか素晴らしい。声を無理に張り上げることはせず、旋律の美しさや切なさを詩情豊かに歌い上げており、まさに聴き惚れてしまう。しかも声量も声の張りも十分にある。さらに、この盤では、ムゼッタ役のラメッラのコケティッシュな歌も素晴らしい。ロドルフォ、ムゼッタに関する限り、この盤を超える歌唱はなかなか聴けないのでは、と思う。

さらにこの盤が素晴らしいのは、サンティーニによるオーケストラの演奏だ。青春の歌に相応しい詩情溢れる演奏で、しかも軍隊の行進やクリスマス・イヴの賑わいでの華やかな表現も見事。そのうえ、一九五二年という古い録音ながら、後述のPALLADIO盤で聴く限り、音が鮮明で、鑑賞にはほとんど支障がないと思う。

私は、忙しい人には「つまみ食い」の鑑賞を勧めているが、私がこのタリアヴィーニ／サンティーニによる演奏を聴く時は、CD一枚目（後述のPALLADIO盤）の第6トラック（暗闇の中で二人が出会うところ）からCD一枚目の最後（第二幕の終わり）まで一気に聴いてしまう。それだけ、名旋律と名唱・名伴奏の連続だからだ。

このタリアヴィーニが歌う「ラ・ボエーム」のCDは現在廃盤の扱いとなっているようだが、もし中古で見つけたら、ぜひ購入していただきたい。なお、CDはいくつかの盤が出ているが、

プッチーニ　歌劇「ラ・ボエーム」タリアヴィーニ（テノール）／カルテリ（ソプラノ）他／サンティーニ（指揮）／トリノ・イタリア放送交響楽団＆合唱団（1952年　PALLADIO盤　PD 4215. 16、またはワーナー・ミュージック・ジャパンのCETRA OPERA COLLECTION WPCS 11049/50）

お勧めはイタリアのPALLADIO盤、次は日本盤（ワーナーのCETRA OPERA COLLECTION）となるだろう。PALLADIO盤は、タリアヴィーニの声が自然で豊かに響き、彼の美声を心ゆくまで堪能することができる（ただし、オリジナル録音の保存の問題なのか、途中で音程全体が下がり気味になるのが惜しい）。日本盤はPALLADIO盤と比べると、やや鮮明度が落ちる印象を受けるが、途中で音程が下がる欠点は改善されている。

なお、このCDについては、ドナルド・キーン先生との思い出があるので、次頁のコラム「ドナルド・キーン先生の思い出」をご参照いただきたい。

コラム

ドナルド・キーン先生の思い出

ドナルド・キーン先生にかなりの回数をお会いすることができたことは、私の人生において幸運なことだったと思う。

私が最初に先生にお会いしたのは、先生が日本国籍を取得されて比較的すぐの頃だったと思う。先生の第一印象は「口数の少ない物静かな学者」だったのだが、話題が音楽、特にオペラに及ぶと、急にニコニコされて、饒舌になられたことを思い出す。なにしろ先生は、一九三〇〜四〇年代のメトロポリタン歌劇場の名歌手たち、特に全盛期のフラグスタートやメルヒオール（二人とも当代随一のワーグナー歌手）を直接聴かれた、数少ない生き証人だったのだ。『ドナルド・キーンの音盤風刺花伝』で、「メトロポリタンの一九三九年から一九四二年までは、フラグスタートとメルヒオールという偉大なコンビの全盛期として名高い」として、二人の歌唱の素晴らしさを絶賛されている。

さらに、先生はマリア・カラスの全盛期の声を直接聴かれたのである（一九五二年、ロンドン、コヴェント・ガーデン歌劇場での「ノルマ」)。先生は、彼女の声と演技の圧倒的な素晴らしさについて、私の前でそれこそ目を輝かせて力説されたのだ。そのご様子が、昨日のように思い出される。『ドナルド・キーンの音盤風刺花伝』によると、「カラスが登場した瞬間から、電流のようなものが聴衆に伝わった。かの女の声はかがやかしかった。……演技の点では、わたしがオペラの舞台で観た歌手のうち、抜きん出て最高の存在だった。……わたしが観た日の《ノルマ》の公演から、海賊盤レコードが作られたのだが、その一番最後のところで、間違いなくわたしの叫び声が聴き取れる!」と書かれている。もちろん、私はその海賊盤のCDを入手して、キーン先生の叫び声を確認しようとしたのだが、録音の状態が悪く、残念ながら確認できなかったが……。

フラグスタート、メルヒオール、そしてカラスの最盛期の歌声を直接聴かれた人で、日本在住でご存命だった人は、おそらくキーン先生お一人だけではなかったかと思う。したがって、先生のご自宅には音楽関係の雑誌の記者たちがひっきりなしに取材に来ていたのだった。キーン先生のオペラに関する造詣の深さは、『ドナルド・キーンのオペラへようこそ!』でも知ることができる。その本の「思い出の歌手たち」の章では、前記三人の他に、シュヴァルツコップフ(本の記載による)、ニルソン、カバリエ、ドミンゴ、ピンツィアについて、直接聴かれた時の感想が詳しく（しかも熱い口調で）語られている。

私は、オペラはあまり聴かなかったので、先生のお話をただただ頷いて聞いているばかりだったが、二人の歌手についてだけは、私のほうから切り出すことができた。それは、「ラ・ボエーム」でふれたタリアヴィーニと、「グラナダ」やシューベルトの歌曲などでふれたヴンダーリヒの二人である。特に、私が「ラ・ボエーム」におけるタリアヴィーニの甘美な歌声を褒めると、先生も「タリアヴィーニは本当に素晴らしい歌手でしたね」と同意され、「私も同じCDを持っています。探してみます」と仰って、膨大なCDのコレクションの中から探しはじめられたのである。先生がそのCDを手に取られて、嬉しそうされているお顔を、私は決して忘れることができない（その時、手にCDを持ってニコニコされている先生と一緒に撮らせていただいた写真は、私の一生の宝物となっている。次頁）。

キーン先生は、二〇一九年二月に永眠され、ご自宅近くのお寺のお墓に静かに眠っていらっしゃる。

私は、二〇二二年五月から横浜の神奈川近代文学館で開催された「生誕100年　ドナルド・キーン展」にお邪魔したのだが、先生が日頃から愛聴されていたオペラのレコード（たとえば、マリア・カラス主演の「ランメルモールのルチア」や「ノルマ」、フラグスタート主演／フルトヴェングラー指揮の「神々の黄昏」など）が展示されていて、先生の嬉しそうな笑顔がまた思い起こされることとなった。

今でも、先生は天国で、大好きな名歌手たちの歌に囲まれて、ニコニコされながら過ごされていらっしゃると思う。

「ラ・ボエーム」のCDを手にされたドナルド・キーン先生

まさに天使の歌声

つまみ食いCD

モンテヴェルディ「聖母マリアのミサと晩課」より「マニフィカトⅡ」〈シュナイト指揮／レーゲンスブルク大聖堂少年聖歌隊 他〉

この世で最も美しい合唱曲は、と聞かれたら、私はモンテヴェルディ作曲の「マニフィカトⅡ」を挙げることに躊躇しない。この曲は、彼の「聖母マリアのミサと晩課」（「聖母マリアの夕べの祈り」と題されることが多いが、ここでは、シュナイトのCD〈TOWER RECORDS盤〉の表記に従った）という宗教曲の中に入っている。本当に、この上なく清楚で滋味深い音楽であり、人間が書いた音楽とは思えないほどの美しさを湛えた曲である。

そして、純粋無垢な少年たちがオルガンの伴奏だけで歌うことで、この曲の至高の美しさがますます際立ってくる。シュナイト指揮によるレーゲンスブルク大聖堂少年聖歌隊による歌声は、まさに至純な天使の歌声だ。冒頭の声（CD2のトラック13）が聴こえた瞬間、そのあまりの美しさに息を飲んでしまうだろう。グレコリア聖歌（トラック15や16）の静謐な美しさ、六声の合唱（トラック17）の真摯で至純なハーモニー、そして二人のボーイソプラノの掛け合い（トラック18や20）のなんと可憐で美しいこと（トラックの番号はTOWER RECORDS盤による）。

どうか音量を大きめにして、この至純なハーモニーを体全体で味わっていただきたい。心がこの上ない幸福感で満たされることになるだろう。彼らの「聖母マリアのミサと晩課」は、以前は外国盤でしか手に入らなかったが、今ではTOWER RECORDS盤が比較的簡単に入手できるようになり、また音質がかなり向上したのが嬉しい。

レーゲンスブルク大聖堂少年聖歌隊の演奏で、もう一つ強く印象に残っているのは、中世ドイツのクリスマス音楽を歌ったものだ。「高き御空よりわれは来たれり（Vom Himmel hoch, da komm ich her）」や「おお、やさしきイエスよ（O Jesulein zart）」という有名なクリスマス音楽も、彼らが歌うと潤いに満ちた、心の通った音楽となる。ただし、これらの曲は「An Old World Christmas」という題名のドイツ・グラモフォンの廉価版（MUSIKFEST盤）の中に入っており、現在では入手が難しいだろう。

＊　＊　＊

ハンス＝マルティン・シュナイト（一九三〇～二〇一八年）は、ドイツ生まれの指揮者で、バッハなどの宗教音楽を専門とした。東京フィルハーモニー交響楽団の協力のもとで設立された「シュナイト・バッハ合唱団」の芸術監督に就任するなど、日本でも馴染みの深い人である。また、レーゲンスブルク大聖堂少年聖歌隊は、ヨーロッパ最古の少年合唱団の一つで、「大聖堂の雀たち」の愛称で知られている。

モンテヴェルディ「聖母マリアのミサと晩課」より「マニフィカトII」シュナイト指揮／レーゲンスブルク大聖堂少年聖歌隊 他（1974～75年 TOWER RECORDS　PROA-71/2）

「An Old World Christmas」レーゲンスブルク大聖堂少年聖歌隊 他（録音年代不詳 MUSIKFEST　413 657-2）

清楚で美しい旋律

つまみ食いCD

ラッター「レクイエム」「第一曲 Requiem aeternam」、「第三曲 Pie Jesu」、「第七曲 Lux aeterna」（ラッター指揮／ケンブリッジ・シンガーズ 他）

一時期アマチュア合唱団に入り、主に宗教曲を中心に歌っていたことがある。舞台で歌った曲としては、バッハの「マタイ受難曲」と「マニフィカト」、ヘンデルの「メサイア」、モーツァルト、フォーレ、ラッターの「レクイエム」、ベートーヴェンの「第九」などである。特に「マタイ受難曲」は、一部削って演奏しても三時間強におよぶ大曲で、オーケストラをバックに立ち続けて歌ったことは、私の人生のハイライトの一つだったといえるだろう。

しかしながら、これらの宗教曲の名曲の中で、今最もよく聴いている宗教曲は、ラッターの「レクイエム」だ。最初に聴いた時は、この曲の魅力がまったく分からなかったが、練習を続けていくにしたがって、不思議に美しい旋律と和声の魅力にハマってしまった。特に、第一曲「Requiem aeternam（永遠の休息）」の2分6秒辺り（ラッター自身の演奏盤）から始まる旋律の抗しがたい美しさは、なんと説明したらよいのだろう。透明で、静謐で、天国のはるか彼方から降り注いでくるような美しい旋律……。また、ソプラノで歌われる第三曲「Pie Jesu（慈悲深きイエスよ）」の透徹した美しさ、第七曲「Lux aeterna（永遠の光）」の透明で息の長い旋律、どれも美しさの限りだ。

演奏は、作曲家自身の指揮による演奏が本当に素晴らしい。彼は、優れた作曲家であるだけでなく、優れた合唱指揮者でもあり、彼の下で訓練された合唱団（ケンブリッジ・シンガーズ）の透明度の高さは、まさに「半端ない」のである。

また、毎年クリスマスの時期になると、私が必ず取り上げるCDとして、「Christmas with the Cambridge Singers」がある。彼のオリジナルのクリスマス・ソングや、クリスマスにちなんで歌われる名曲の数々が入っている。その中で、彼のオリジナル曲である「Angels' Carol」は、ハープを伴奏に歌われる愛らしい佳曲で、私の愛聴曲となっている。また、このCDに入っている「For unto us a child is born」（ヘンデルのメサイアの中の曲）は、明るい軽快なリズムと合唱の透明度の高さが素晴らしく、同曲のベスト演奏の一つに挙げたい。

＊　＊　＊

ジョン・ラッター（一九四五年〜）はイギリスの作曲家・合唱指揮者で、宗教曲を中心とした合唱曲を作曲している。またプロの合唱団ケンブリッジ・シンガーズを組成し、録音活動を行なっている。

ラッター「レクイエム」他　ラッター指揮／ケンブリッジ・シンガーズ 他（録音年不詳　Collegium Records　CSCD 504）

「Christmas with the Cambridge Singers」ラッター指揮／ケンブリッジ・シンガーズ 他（録音年不詳　Collegium Records　COLCD 111）

コラム

私の再生装置について

私が本書で「美しい！」「素晴らしい！」「感動的だ！」などと感じた演奏は、あくまでも私のステレオ装置で聴いた時にえた感想である。したがって、読者の皆さんがお手持ちの装置で聴かれると、私とは違った感想を持たれることは、十分ありうることだと思う。そこで、私がどんな装置でＣＤやＳＡＣＤを聴いているかを公開したい。

私の再生装置は次の通りである。上を見たらキリがないが、私はこの装置で音楽を楽しむにはまずまず十分ではないか、と考えている。

- ＣＤ／ＳＡＣＤプレーヤー：マランツ SA-15S2（一年ほど前に中古で購入）
- プリメイン・アンプ：サンスイ AU-α907MR（一九九〇年代後半に購入）
- 小さな真空管プリアンプ（ロシア製の真空管を使用）
- スピーカー：B&W CDM1（一九九〇年代後半に購入）

プリメイン・アンプとスピーカーは二十年以上使っている、まさにヴィンテージ級のものだ。ＣＤプレーヤーは、五年前にマランツのSA-15S1を中古で買うまでは、Musical Fidelity A2という英国製のプレーヤーを、これも二十年近く使っていたと思う。ＣＤプレーヤーとスピーカーをともに英国製にしたのは、品位のある柔らかい音が私の好みだったからだ。

私は、長年この装置の音に親しみ、「クラシック音楽を聴く上で、最上とはいわないまでも、まずまずのレベルの組み合わせではないか」と考えていた。

ところが五年ほど前、マランツのSA-15S1の評価が非常に高いことを知り、半信半疑で中古品を購入してみたのである。発売されてから十二年以上も経っている製品で、金額は当初販売価格の三分の一以下だったと思う。でも、実際に音に接してみると、予想よりもはるかに素晴らしい音質であることにビックリし、購入して正解だったと感じた。なによりも、高音の澄みきった音が実に魅力的だった。旧器（A2）と比べると、急に視界が広がったような、広々とした空間を感じることができたのである。澄みきった、雲一つない晴天の信州で、北アルプスの山々がクッキリ浮かびあ上がって見える感じだ。その空間の中で、各奏者たちの音がクッキリと、しかも周囲との調和を保ちながら綺麗に聴こえてくる。さらには、彼らの息遣いや、心の動き（感興）までもが聴きとれるような気がしたのである。

このSA-15S1は、四年近く使用した辺りからＳＡＣＤの読み込みが悪くなり、またトレイの開閉もぎこちなくなってきたので、思いきって後継機のSA-15S2を中古で手に入れることにした。こちらも当初販売価格の三分の一ぐらいの値段だった。これがまた大正解！15S1と同様に高音が綺麗に伸びており、さらに15S1にはなかった「音の柔らかさ」が少し加わったように思われた。いまや、第二の愛機としてSA-15S2が、私のリスニング・ルームで大活躍している。このSA-15S1やSA-15S2で聴かなければ、私は拙文の中で、「聴きどころは（〇分〇秒辺り）」と指摘することは難しかったと思う。まさに私の音楽の聴き方さえ変えてしまった驚異の名器たち、ということができると思う。

さらに現在は、ＳＡＣＤプレーヤーとプリメイン・アンプの間に、真空管の小さなプリアンプを入れて音楽を楽しんでいる。ある時期どうしても真空管アンプの柔らかい音を再現したくなり、中国製の小さな真空管プリアンプの改造機を、ヤフオクで一万円以下で恐るおそる購入してみたのだ。これがまた大正解だった。音はさらに柔らかさを増し、音の透明度が上がり、各楽器の音がクッキリ分かれて聴こえるようになった。次に真空管を米国ＧＥ製からロシア製の6J1P（一本四百円）に変えたところ、さらに音の柔らかさが増して、刺激音がほとんどなくなり、まるでＬＰレコードを聴いているような懐かしい雰囲気まで味わえるようになったのである。録音によっては、ヴァイオリンがまさに目の前で演奏されているように感じることができる。このロシア製の真空管によって、音楽を聴く楽しみが一層増したと感じるのである。一本四百円の真空管でこんなにも音が変わるのか、と本当に驚いた次第である。その後ケーブルをMOGAMI 2534に変えたり、ＣＤプレーヤーの電源ケーブルを非メッキのものに変えたりするなど試行錯誤した結果、現在まずまず満足できる音質を確保することができたのではないか、と考えている。少なくとも、演奏の特徴や良し悪しを判断できる水準は十分確保できたのではないか、と思う。

私は、「オーディオ装置は、一定水準の満足できる音がえられれば、それ以上お金をかける必要はない」と考えている。そのお金があれば、より多くの感動を味わうためにＣＤの購入や演奏会の切符の購入にまわしたい、と考えるからだ。また、オーディオ装置はあくまでも音楽を楽しむための手段であって、目的ではない、とも考えているからだ。

小林秀雄氏と五味康祐氏との対話（小林秀雄対話集『直観を磨くもの』二〇一四年　新潮文庫）の中で、小林氏は「ステレオ気狂いは……音楽を文化として聴いていない。音として考えている。ステレオさえよければ、快い音を与えてくれる。音楽をそういう音として扱っているとしたら、こんな傲慢《ごうまん》無礼なことはないよ」と極めて強い口調で話されているが、私も（語調の強さは別として）小林氏とまったく同じ意見である。

あとがき

　コロナ禍で在宅の時間が増えるなか、「私の人生を豊かにしてくれたクラシック音楽について、何か文章を書いてみたい」と思い立ち、暇を見つけては少しずつ書き溜める作業を続けてきた。当初は、思いつくままにCDの感想文を書き綴っていったので、全体としてまとまりのない文章群になっていたと思う。そこで、退職を機に一冊の本として世に出すにあたり、編集者のアドバイスに従って章立ての形とし、書き溜めた文章を、その章に合わせて割り振る作業を行なった。これで少しまとまりが出てきたのかどうか、筆者としては心もとなく、最終的には読者のご判断にお任せしたい。

　今ひと通り書き終えてみて、まず感じたことは、「クラシック音楽に対する自分の思いを何とか形にしたい、という長年の夢を、やれやれ、やっとはたすことができた」という一定の満足感だ。村上春樹氏が『意味がなければスイングはない』のあとがきで、「これまでの人生を通じて、いろんなかたちで切々と（あるいはにこにこと）聴き続けてきた音楽を、あらためて系統立てて聴き直し、あたかも自分自身の心の軌跡を辿るかのごとくそれを整理し、腑分けし、もう一度自分のものとして立ち上げていくことは、僕にとってはなかなか興味深く、味わい深いおこないでもあった」と書かれているが、今の私の心境をこれほど素晴らしい表現でいい当てた文章はないと思う。

この拙著では、自分の耳と感性を頼りに、かなり自分勝手に曲やCDを選び、あれこれ語ってみたのだが、今読み返してみて、音楽を言葉で語ることの難しさを改めて痛感している。「感動的だ」「美しい」「素晴らしい」といった言葉が飛び交い、議論は感覚論に終始しているように思われ、自分の教養の浅さ、語彙の少なさを恥じるばかりである。参考として引用させていただいた、中野雄氏や村上春樹氏の著書は、同じ音楽について語られていながら、両氏の知識・経験の深さや洞察の鋭さ、文学的な表現の豊かさなど、とても私が太刀打ちできるものではない、と感じた次第である。

岡田暁生氏（音楽学者）は、その著書『音楽の聴き方』（二〇〇九年　中公新書）で、「語彙や語りのロジックが増えるほど、人はよりよく聴ける。「音楽を聴く」とは、「音楽の語り方を知ること」でもある」と書かれている。私は退職後、もう少し時間の余裕ができたはずなので、楽理などの基礎的な勉強を進めるとともに、音楽に関する様々な本を読み、総譜を眺め、時には指揮者の練習風景のＤＶＤなどを参照して、音楽表現に関わる語彙を増やすように心掛けたいと思う。
といっても、長年親しんできた聴き方を急に変えることなど、おそらくできないと思う。やはり、感動的な、ハッとするような箇所を聴いては、さらに同じ指揮者の別の曲のＣＤを探したり、興味を持ったピアニストやヴァイオリニストなどのＣＤを集めたり、といった作業が今後も続くことになるだろう。私は、いずれ終活の一環として、膨大なＣＤコレクションを整理しなければならなくなるはずだが、はたしてそれはいつになることやら。

なお、ご紹介したＣＤやＤＶＤなどは、レーベルやＣＤの商品番号を含めて、あくまでも私の手元にあるものを参考にして記載した（外国盤の場合は、そこに書かれている情報を記載した）。おそらく、既に廃盤になったり、別の形で再発売されたり、と相当変化していると思う。また、演奏家や曲名などの表記はあえて日本語で通すようにしており、アルファベット表記にはしなかった。外国盤のみの場合も、Wikipediaや他の日本盤から日本語表記を探して記載した。また、曲や演奏家、オーケストラの名称でも、ＣＤによっては異なる表記となっているものもあったが、それぞれのＣＤの表記などに従うようにした（ロンド・カプリチオーソとロンド・カプリツィオーソ、ユモレスクとユーモレスク、シュヴァルツコップとシュワルツコップなど、シュターツカペレ・ドレスデンとドレスデン・シュターツカペレ、アムステルダム・コンセルトヘボウとロイヤル・コンセルトヘボウなど）。

したがって、お目当てのCDなどを探される時、録音年代やレーベル、商品番号などの情報を手掛かりにいろいろ検索して探していただくことになると思う。ただし、録音年代もいろいろ調べてみたのだが、CDによっては録音年代の記載がなかったり、もの凄く小さな字で書かれていたりして、すべて正確に確認できたわけではない。読者の方々がCDを探される際にかなりご苦労される場合がありえること、何卒ご容赦いただきたい。

この本で、感動的などと感じた箇所を（第○楽章の○分○秒辺り）と記載した。CDの音質がリマスタリングによってかなり変わるとも書いたし、CDによっては「高音がきつめに聴こえる」「高音が少々痩せ気味に聴こえる気がする」などとも書いた。ただし、これはあくまでも私の現時点でのステレオ装置で聴いた印象であり、装置によっては（特に私よりも高級な装置をお持ちの場合は）、そのような印象を持たれないことも十分ありえることだと思う。そこで、私が日頃どんなステレオ装置で聴いているかを記載したほうがよいかと思い、末尾に「私の再生装置について」というコラムを添えたので、ご参照いただきたい。

最後に、私のクラシック音楽鑑賞に大きな影響を与えてくれた「恩師」として四名の名前を挙げ、心から感謝の意を表したいと思う。

　まず、小学校の音楽の先生だった岩上廣志先生は、音楽の楽しみや喜びを教えていただいた、まさに大恩人だ。何しろ先生は、三百人もの小学生の学年生徒全員に楽器を持たせ、上野文化会館でスッペの「軽騎兵序曲」を演奏させた、今思い返しても考えられないほどの大仕事を成し遂げられた、まさに偉大な教育者だ。先生には『光り耀く子どもたち』（二〇〇五年　春秋社）という素晴らしい本があり、そこには三百人もの生徒の出演を実現させた裏話が書かれている。岩上先生は、東京都から「出演人数を七〇名くらいにしてもらえないか」との要請を受けたにもかかわらず、「一緒に練習してきた子どもたち全員を舞台に立たせてあげたい」との一心で、半ば強引に交渉を行ない（やむなく出演を辞退する決意まで伝えて）、なんと実現させてしまったのである。その後、私たち生徒は、演奏の練習だけでなく、短時間で舞台の出入りを行なうための練習を入念に行なうことになった。生徒全員のことを思う先生の優しくも熱い思いと、それを実現させてしまう熱血的な行動力を知って、私は涙を止めることができなくなってしまった。先生は二〇二一年五月に九十三歳で永眠された。心からご冥福をお祈りしたい。

　また、中学・高校時代、音楽評論家の宇野功芳氏に憧れて、氏の批評を読み漁った記憶がある。宇野氏は、ひたすら自分の直観を信じ、世評に惑わされることなく、「良いものは良い、悪いものは悪い」として演奏の批評を続けた人である。氏の断定的な批評に対し時には抵抗を覚え、意見を異にすることもあったが（この本でも、モーツァルトのピアノ協奏曲第二十七番のCDは、宇野氏の意見とは異なる盤を挙げた）、この人のお陰で、私は一生の宝ともいうべき数々の名演に出会えることができたのも事実である。やはり私にとっての大恩人といえる人である。

この他、私の音楽人生に大きな影響を与えていただいた師として、コラムでも書かせていただいた中野雄先生とドナルド・キーン先生のお二人の名前を挙げたい。私は、中野雄先生の著作はほとんどすべて読んだが、その実体験に裏付けられた類いまれな知識と、「音楽」という言葉で説明することが難しい内容を理路整然と分かりやすく書かれた先生の文章力に、まさに圧倒されてしまったのである。私は、先生の著書を通じて、「音楽は楽譜を通しての作曲家の意図の『再現芸術』であること」「その再現を通じて演奏者と聴衆が『感動の共有体験』を行なうこと」という、音楽芸術のまさに神髄を教えていただいた、と思うのだ。私は幸運にも中野先生に何度かお会いしてお話しする機会をいただくことができた。この本では、中野先生の著作から多く引用させていただいている。

さらに私として大変幸運だったのは、ドナルド・キーン先生にしばしばお会いして直接お話しすることができたことである。キーン先生のオペラに関する膨大な知識と、何にも増してオペラに対する先生の深い愛情に接することができたことは、私にとって何物にも代えがたい貴重な思い出となっている。

中野雄先生とドナルド・キーン先生については、それぞれコラムで書かせていただいたので、ご参照願いたい。

また、この本の出版にご尽力いただいたキーン誠己様、編集に際し、様々な貴重なアドバイスを提供していただいたアーツアンドクラフツ社の小島様と宮西様にも感謝の気持ちを表したい。

この本によって、クラシック音楽が皆様にとってより身近な存在となり、さらには一生の宝となることを切に望むことを述べて、終わりの言葉とさせていただきたい。

二〇二二年十二月

常盤　隆

常盤 隆（ときわ・たかし）
1956年、東京生まれ。大学卒業後、大手金融機関に入り、国際部門およびリテール部門に従事し退職。小学校の頃よりクラシック音楽に親しみ、演奏会に通うとともにLPやCDの収集に励んだ。また、フランス留学や海外勤務（シカゴなど）の折は、クラシック音楽の演奏会に数多く親しんだ。一時期合唱団に入って宗教曲を歌ったり、プロの先生についてリコーダーを習ったりしたこともある。所有するCD・LPは3,000枚以上にのぼる（ただし、正確に数えたわけではなく、実態はよく分からない）。

クラシック音楽《おんがく》の感動《かんどう》を求《もと》めて
つまみ食い的鑑賞法のすすめ

2023年2月10日　第1版第1刷発行
2023年9月15日　　　　第2刷発行

著　者◆常盤《ときわ》　隆《たかし》
発行人◆小島　雄
発行所◆有限会社アーツアンドクラフツ
東京都千代田区神田神保町2-7-17
〒101-0051
TEL. 03-6272-5207　FAX. 03-6272-5208
http://www.webarts.co.jp/
印刷　シナノ書籍印刷株式会社

落丁・乱丁本はお取り替えいたします。
ISBN978-4-908028-80-9 C0073